Linie 1

Deutsch in Alltag und Beruf
plus Werte- und Orientierungsmodule

Kurs- und Übungsbuch A1.1

mit Video und Audio auf DVD-ROM

Margit Doubek
Susan Kaufmann
Ulrike Moritz
Margret Rodi
Lutz Rohrmann
Ralf Sonntag
Ellen M. Zitzmann
(Werte und Orientierungsmodule)

Ernst Klett Sprachen

Stuttgart

Von
Susan Kaufmann, Ulrike Moritz, Margret Rodi, Lutz Rohrmann, Ralf Sonntag, Margit Doubek, Ellen M. Zitzmann
in Zusammenarbeit mit Eva Harst
Lisa Göbel: Phonetik
Theo Scherling: Video-Clips, Drehbuch.

Projektleitung: Annalisa Scarpa-Diewald, Sabine Hoppe
Redaktion: Annalisa Scarpa-Diewald, Anne-Kathrein Schiffer, Anna Weininger
Gestaltungskonzept und Layout: Britta Petermeyer, Snow, München
Umschlagsgestaltung: Studio Schübel, München
Coverfoto: © Fotolia.com – Ettore und goodluz
Illustrationen: Hans-Jürgen Feldhaus, Feldhaus Text & Grafik, Münster

Fotoarbeiten: Hermann Dörre, Dörre Fotodesign, München
Fotomodelle: Jenny Roth, Benedikt Gradl, Helge Sturmfels, Anna Preyss, Christian Mathes, Sergio Lupia, Mônica Krausz-Bornebusch, Rosana Fußeder, Leila Almeida Forgas, Benjamin Stadler, Berthold Götz, Werner, Marco und Sarah Diewald, Annalisa Scarpa-Diewald, Petra Schwinghammer, Sabrina und Sara Cherubini, Eva und Rainer Grohmann, Christina, Bruno und Florian Marano

Für die Audios:
Tonstudio: Wavegarden, Mitterretzbach
Musik: Annalisa Scarpa-Diewald, Berthold Götz
Aufnahme, Schnitt, Mischung: Johannes Then
Sprecher und Sprecherinnen: Thomas Bauer, Felix Binder, Peter Bocek, Margit Doubek, Friederike Haas, Heide Maria Hager, Andreas Hajdusic, Bernhard Horn, Dorothea Horn, Helmut Maierhofer, Andrea Nitsche, Clemens Oppolzer, Günther Pfeifer, Cornelia Schmidt, Claudia Schönbauer, Petra Schweinberger, Lukas Weber, Franziska Wohlmann, Eveline Wohlmann, Andreas Wolf, Peter Veit, Florian Marano

Für die Videos:
Produktion: Bild & Ton, München
Regie: Theo Scherling

Verlag und Autoren danken Stefanie Dengler, Ludwig Hoffmann, Beate Meyer, Anna Pilaski, Renato F. da Silva und allen Kolleginnen und Kollegen, die mit wertvollen Anregungen zur Entwicklung des Lehrwerks beigetragen haben.
Wir danken außerdem dem Lebensmittelmarkt Feneberg (München), dem Café-Bistro Amadeus (München) sowie allen Kollegen und Kolleginnen für ihre freundliche Unterstützung bei den Fotoaufnahmen.

Linie 1 A1 – Materialien

Kurs- und Übungsbuch A1.1 mit Audios und Videos auf DVD-ROM	607064	Lehrerhandbuch A1	607067
Kurs- und Übungsbuch A1.2 mit Audios und Videos auf DVD-ROM	607065	Testheft mit Audio-CD A1	607066

Audio-Dateien zum Download unter www.klett-sprachen.de/linie1-oesterreich/audioA1   Code: L1A-a1?A
Video-Dateien zum Download unter www.klett-sprachen.de/linie1-oesterreich/videoA1   Code: L1A-a1!V
Besuchen Sie uns auch im Internet: www.klett-sprachen.de/linie1-oesterreich

Lösungen, Transkripte, Kapitelwortschatz u.v.m. kostenlos unter www.klett-sprachen.de/linie1

1. Auflage 1⁵ ⁴ ³ | 2022 21 20

© Ernst Klett Sprachen GmbH, Rotebühlstraße 77, 70178 Stuttgart, 2017

Das Werk und seine Teile sind urheberrechtlich geschützt. Jede Verwertung in anderen als den gesetzlich zugelassenen Fällen bedarf deshalb der vorherigen schriftlichen Einwilligung des Verlags.

Satz und Repro: Franzis print & media GmbH, München
Druck und Bindung: Elanders GmbH, Waiblingen

ISBN 978-3-12-607064-5

1 Herzlich willkommen! 1

Lernziele **Sprechen** sich begrüßen und verabschieden; sich mit Namen, Adresse und Wohnort vorstellen; eine andere Person vorstellen; buchstabieren; nach Namen, Herkunft und Wohnort fragen; die Telefonnummer sagen | **Hören** Angaben zu Herkunft und Wohnort | **Schreiben** ein Formular ausfüllen | **Lesen** ein Anmeldungsgespräch | **Beruf** sich in der Firma anmelden

Redemittel Guten Tag! Auf Wiedersehen! | Das ist Herr Puente aus Spanien. | Wie heißen Sie? Ich bin Eleni. | Woher kommst du? Ich komme aus Polen. | Wo wohnen Sie? | Wie ist Ihre Telefonnummer?

Grammatik Verben und Personalpronomen | W-Fragen und Antworten

Aussprache Satzmelodie

Übungen Übungen zu den Schwerpunkten des Kapitels | Leichter lernen | Richtig schreiben 8

2 Kontakte 15

Lernziele **Sprechen** nach Telefonnummer/E-Mail-Adresse fragen; Zahlen von 0–100 im Alltag nennen/verstehen; nach Sprache/Nationalität fragen; persönliche Angaben machen | **Hören** Telefonnummern; Dialoge beim Kennenlernen | **Schreiben** über sich selbst | **Lesen** Informationen über einen Deutschkurs / die Firma | **Beruf** Berufsbezeichnungen; Informationen über eine Firma verstehen

Redemittel Wie ist Ihre E-Mail-Adresse? | Hast du Skype? | Ich spreche Portugiesisch und lerne Deutsch. | Kyra ist Griechin. | Was bist du von Beruf? | Wie alt bist du?

Grammatik Personalpronomen und Konjugation | Ja/Nein-Frage

Aussprache Satzmelodie | betonte Silben

Übungen Übungen zu den Schwerpunkten des Kapitels | Leichter lernen | Richtig schreiben 22

HALTESTELLE A Sprechen, schreiben … | Spielen und wiederholen | Kennen Sie D-A-CH? 29

3 Wie heißt das auf Deutsch? 33

Lernziele **Sprechen** fragen, wie etwas auf Deutsch heißt; Dinge erfragen und benennen; nachfragen, wenn etwas nicht verstanden wurde; Aufforderungen verstehen und machen | **Hören** Aufforderungen | **Schreiben** diverse Fragen | **Lesen** einfache Dialoge | **Beruf** um Hilfe bitten; nach Informationen fragen

Redemittel Wie heißt das auf Deutsch? | Ist das dein Stift? Ja, das ist mein Stift. | Das ist kein Haus. | Der Stift funktioniert nicht. Er ist kaputt. | Wiederholen Sie, bitte. | Wie schreibt man …?

Grammatik bestimmter und unbestimmter Artikel | Possessivartikel *mein*, *dein* | kein/e | Artikel und Personalpronomen | Imperativ

Aussprache Satzmelodie | lange und kurze Vokale

Übungen Übungen zu den Schwerpunkten des Kapitels | Leichter lernen | Richtig schreiben 40

4 Einen Kaffee, bitte. 47

Lernziele **Sprechen** fragen, wie es geht; jemanden vorstellen; in einer Cafeteria bestellen und bezahlen; Preise nennen, verstehen und erfragen; ein Kursfest planen | **Hören** Preise | **Schreiben** eine Preisliste; eine Einkaufsliste | **Lesen** eine Speisekarte; eine Nachricht vom Kursfest | **Beruf** ein Gespräch am Arbeitsplatz verstehen

Redemittel Ja, gerne. Nein, danke. | Wie geht's? | Arbeitest du morgen? | Wie viel kostet der Kuchen? 2 Euro 20. | Möchtest du einen Tee? | Wir haben keine Äpfel.

Grammatik Nominativ und Akkusativ | Singular und Plural | Komposita

Aussprache Wortakzent | *e* und *ö* | Lange und kurze Vokale

Übungen Übungen zu den Schwerpunkten des Kapitels | Leichter lernen | Richtig schreiben 54

HALTESTELLE B Berufe | Spielen und wiederholen | Kennen Sie D-A-CH? 61

Anhang: Grammatik VII | Alphabetische Wortliste XIV | Zahlen, Zeiten, Maße, Gewichte XX | Quellen XXI | Video XXIII | Links XXIII | Kurssprache XXIV

5 Was machst du heute? 65

Lernziele **Sprechen** Uhrzeit und Wochentag erfragen; über Aktivitäten im Tagesablauf sprechen; nach Abfahrtszeiten fragen | **Hören** Dialoge über Freizeitaktivitäten | **Schreiben** einen Tagesablauf; eine Antwort auf eine Einladung | **Lesen** einen Fahrplan; einen Terminkalender; eine Einladung | **Beruf** Vorgesetzten über Verspätung informieren

Redemittel Wie spät ist es? Es ist sieben Uhr dreißig. | Am Montag um halb fünf trinke ich Kaffee mit Ron. | Wann fährt der Bus? | Wie lange siehst du abends fern? | Ich sehe gerne fern.

Grammatik Verben mit Vokalwechsel | trennbare Verben | Satzklammer bei trennbaren Verben

Aussprache Wortakzent bei trennbaren Verben | lange Sätze

Übungen Übungen zu den Schwerpunkten des Kapitels | Leichter lernen | Richtig schreiben 72

6 Das schmeckt gut! 79

Lernziele **Sprechen** Einkaufsgespräche führen; Preise erfragen; Vorlieben nennen; Komplimente machen; über Essgewohnheiten sprechen | **Hören** Einkaufsgespräche; Interviews | **Schreiben** eine Einladung; einen Einkaufszettel | **Lesen** einen Einkaufszettel; eine Einladung zum Abendessen; einen Zeitungsartikel | **Beruf** Verkaufsgespräche führen

Redemittel Ich hätte gerne ein Kilo Tomaten. | Was kostet eine Kiste Wasser? | Ich finde den Salat fantastisch! | So frühstückt man in Österreich. Und bei Ihnen?

Grammatik Verben mit Akkusativ | Nominativ und Akkusativ | Verben mit Vokalwechsel

Aussprache Wortakzent | ü | lange und kurze Vokale | Wortakzent bei Komposita

Übungen Übungen zu den Schwerpunkten des Kapitels | Leichter lernen | Richtig schreiben 86

HALTESTELLE C Sprechen, schreiben ... | Sprechtraining | Spielen und wiederholen | Kennen Sie D-A-CH? | **TESTTRAINING** Hören | Sprechen 93

7 Meine Familie und ich 97

Lernziele **Sprechen** über die eigene Familie sprechen; Angaben zum Familienstand machen; sagen, was ich mag / nicht mag; sagen, was ich tun kann / tun muss; Smalltalk machen; um Hilfe bitten | **Hören** eine Terminvereinbarung | **Schreiben** über ein Fest | **Lesen** eine Familien-Homepage; E-Mails; Planung eines Fests; Berichte über eine Feier | **Beruf** ein Fest in der Firma planen

Redemittel Mein Bruder wohnt in Graz. | Ist das seine Schwester? | Ihre Lieblingsfarbe ist rosa. | Kannst du am Freitag Anna vom Kindergarten abholen? Nein, ich muss zum Arzt. | Das Fest war sehr schön. Wir hatten viel Spaß.

Grammatik Possessivartikel *sein*, *ihr* | Modalverben *können* und *müssen* | Präteritum von *sein* und *haben* | Satzklammer bei Modalverben

Aussprache lange und kurze Vokale | ich-Laut und ach-Laut | Umlaute

Übungen Übungen zu den Schwerpunkten des Kapitels | Leichter lernen | Richtig schreiben 104

8 Der Balkon ist schön. 111

Lernziele **Sprechen** Gäste begrüßen; Wohnungen beschreiben; Willen/Absicht ausdrücken; sagen, was erlaubt und was verboten ist | **Hören** Gespräche bei der Wohnungsbesichtigung | **Schreiben** über die eigene Wohnung | **Lesen** Ratschläge zur Wohnungssuche; Wohnungsanzeigen; Informationen einer Hausordnung; Informationen zum Wohnen in Österreich

Redemittel Das Wohnzimmer ist sehr hell. Die Küche ist zu klein. | Gibt es einen Balkon? | Ich will eine Pause machen. | Die Mieter dürfen nach 22:00 Uhr keine Musik machen. | Wie wohnt man in Österreich? | Wie hoch sind die Nebenkosten?

Grammatik Adjektive prädikativ | sehr/zu mit Adjektiv | Modalverben *wollen* und *dürfen* | Possessivartikel Plural

Aussprache Satzakzent bei Aufzählungen

Übungen Übungen zu den Schwerpunkten des Kapitels | Leichter lernen | Richtig schreiben 118

HALTESTELLE D Sprechen, schreiben ... | Laufdiktat | Berufe | **TESTTRAINING** Lesen | Schreiben 125

Anhang: Grammatik VII | Alphabetische Wortliste XIV | Zahlen, Zeiten, Maße, Gewichte XX | Quellen XXI | Video XXIII | Links XXIII | Kurssprache XXIV

Miteinander leben und arbeiten

Sehr geehrte Damen und Herren, liebe Lernende, liebe DaZ-Lehrende,

mit Linie 1 Österreich unterstützen wir die Menschen, die neu nach Österreich gekommen und nun asylberechtigt sind oder subsidiären Schutz erhalten haben, auf ihrem Weg in die Gesellschaft. Linie 1 Österreich führt die Lernenden Schritt für Schritt an die österreichische Standard-Sprache heran und macht sie so sprachlich fit für Alltag und Beruf und damit für ein selbstständiges Leben in Österreich. In den Werte- und Orientierungsmodulen am Ende des Kurs- und Übungsbuches finden Sie zudem Material, das zur Bewusstmachung und zur Auseinandersetzung mit der Alltagskultur, den gesellschaftlichen Regeln, Werten und Verhaltensweisen in Österreich beiträgt. Dieses orientiert sich am „Rahmencurriculum für Deutschkurse mit Werte- und Orientierungswissen auf B1-Niveau" des Österreichischen Integrationsfonds (ÖIF). Die Prüfungsvorbereitung ist ebenfalls integraler Bestandteil von Linie 1 Österreich.

Dem ÖIF danken wir hiermit für die gute Zusammenarbeit bei der Konzeption und Erstellung des Materials.

Wir wünschen Ihnen, den Deutschlernenden und den Unterrichtenden, viel Erfolg und Freude mit Linie 1 Österreich!
Ihr Verlag Ernst Klett Sprachen

Werte- und Orientierungsmodule

A Begrüßen und Verabschieden 129
Welche Begrüßungen kennen Sie? | Wer gibt wem die Hand?

Leute treffen
Wo treffen wir uns? | Im Park

B Im Deutschkurs 131
Anderen helfen | Zusammen im Kurs

Konflikte im Alltag
Aufgaben vor einem Fest | Das Fest beginnt

C Pünktlichkeit 133
Wo und wann? | Pünktlichkeit

Unterwegs
Auf dem Weg ins Büro | Im Verkehr

D Lebensformen 135
Wer gehört zu wem? | Wie leben Männer und Frauen in Österreich? | Welche Lebensformen gibt es? | Konflikte in der Familie

Nachbarn
Einzug in die neue Wohnung | Nachbarschaft

Linie 1 – aktiv und sicher zum Lernerfolg

So geht es.

Ziele

Linie 1
→ stellt das Sprachhandeln in den Vordergrund und macht so fit für Alltag und Beruf.
→ trainiert gezielt alle Fertigkeiten: Hören, Sprechen, Lesen und Schreiben.
→ bietet eine sanfte Grammatikprogression und eine systematische Ausspracheschulung.
→ unterstützt den Unterricht mit heterogenen Lerngruppen.
→ orientiert sich am „Gemeinsamen Europäischen Referenzrahmen für Sprachen" (GER).

Der Gesamtband A1 führt zum Niveau A1 und bietet Material für ca. 160–200 Unterrichtsstunden.

Struktur Kursbuch und Übungsteil

Linie 1 hat auf jeder Niveaustufe
→ 16 Kapitel mit Kursbuch und Übungsteil,
→ 8 Haltestellen mit einem Angebot zur spielerischen Wiederholung und zur Prüfungsvorbereitung,
→ Seiten zu Werten und Orientierung,
→ eine alphabetische Wortliste,
→ einen Grammatiküberblick im Anhang.

Aufbau der Seiten

Die **Einstiegsseiten** führen in das Kapitelthema ein und präsentieren Lernziele, Wortschatz und wichtige Redemittel.

Auf **3 Doppelseiten** werden die sprachlichen Schwerpunkte des Kapitels in mehreren Lernsequenzen erarbeitet und gefestigt. Alle vier Fertigkeiten werden ausgewogen geübt.

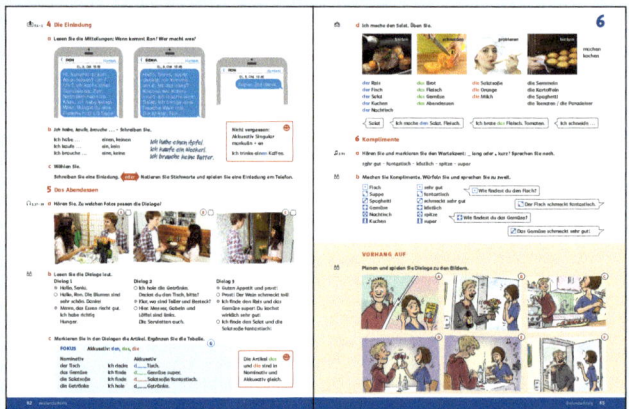

In den **Rückschauseiten** wird der Lernerfolg gesichert „Das kann ich" und die Grammatik zusammengefasst „Das kenne ich".

Die Übungsteile schließen direkt an die Kursbuchkapitel an und folgen in der Nummerierung dem Kursbuchteil.
Zu jeder Aufgabe im Kursbuchkapitel gibt es vertiefende Übungen im Übungsteil.

Kursbuch

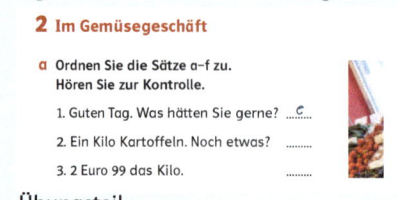
Übungsteil

 1.01 Hörtext  Partnerarbeit 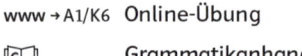 Online-Übung Hilfe

♪ 1.02 Aussprache  Gruppenarbeit  Video-Clip [G] Grammatikanhang ☺ Tipp

Herzlich willkommen! 1

1 Begrüßungen

a Sehen Sie die Fotos A–D an. Wie begrüßt man sich in Österreich? Ein Foto passt nicht. Kreuzen Sie an (x).

🎧 1.02–03 **b** Hören Sie. Ordnen Sie die Sprechblasen den Fotos A oder D zu.

- (1) Guten Tag! Das ist Herr Puente aus Spanien. Und das ist Frau Dumitru aus Rumänien.
- (2) Hallo Eleni.
- (3) Hallo Pablo.
- (4) Herzlich willkommen! Guten Tag, Frau Dumitru!

c Begrüßen Sie sich im Kurs.

- Guten Tag, Frau Güler.
- Guten Tag, Herr Sabatini.
- Grüß Gott.
- Hallo Kisi.
- Hallo Murat.

Lernziele

Sprechen sich begrüßen und verabschieden; sich mit Namen, Adresse und Wohnort vorstellen; eine andere Person vorstellen; buchstabieren; nach Namen, Herkunft und Wohnort fragen; die Telefonnummer sagen | **Hören** Angaben zu Herkunft und Wohnort | **Schreiben** ein Formular ausfüllen | **Lesen** ein Anmeldungsgespräch | **Beruf** sich in der Firma anmelden

2 Der erste Kurstag

🎧 1.04 **a** Lesen und hören Sie die Dialoge. Sprechen Sie.

🎧 1.05 **b** Hören Sie und sprechen Sie nach.

Guten Morgen.   Guten Tag. Grüß Gott.   Guten Abend.   Tschüs.   Auf Wiedersehen.

c Fragen und antworten Sie. Variieren Sie die Tageszeiten.

3 Ich, du und Sie

🎧 1.06–07 **a** Hören Sie. Ordnen Sie die Dialoge den Fotos zu.

 A ☐

 B ☐

Dialog 1
- ● Guten Tag. Ich heiße Gabriele Bauer. Und Sie?
- ○ Guten Tag. Ich heiße Pablo Puente.
- ● Und Sie? Wie heißen Sie?
- ◐ Ben Bieber.
- ● Ah, Sie sind Herr Bieber!

Dialog 2
- ● Hallo, ich bin Ben. Und wer bist du?
- ○ Hallo Ben! Ich heiße Eleni.
- ◐ Hallo Eleni. Ich bin Maria.
- ○ Entschuldigung, wie heißt du?
- ◐ Maria.
- ○ Hallo Maria.

b Markieren Sie in 3a *ich*, *du* und *Sie* und das Verb wie im Beispiel.

c Was passt: *ich*, *du* oder *Sie*? Ergänzen Sie die Lücken.

- ● Wie heißen .... ?
- ○ .... heiße Pablo Puente.
- ● Wer bist .... ?
- ○ .... bin Eleni.

d Lesen Sie die Dialoge aus 3a noch einmal. Ergänzen Sie die Tabelle. ⓖ

FOKUS   Verben und Personalpronomen

	heißen	sein
ich	heiße	....
du	....	bist
Sie	....	....

🎵 1.08 **e** Aussprache: Satzmelodie – Hören Sie zu und sprechen Sie nach.

Ich heiße Anna Daum. ↘   Wie heißen Sie? ↘
Ich heiße Ben. ↘   Wer bist du? ↘

Ich heiße …

Guten Tag. Wie heißen Sie?

UND SIE?

Sie oder *du*? Schreiben und spielen Sie Dialoge.

drei 3

4 Woher kommst du?

a Ländernamen – Welche kennen Sie? Markieren Sie.

die USA, Italien, Ägypten, Nigeria, Marokko, China, Kenia, Spanien, Mali, Bulgarien, Polen, Rumänien, der Libanon, die Ukraine, die Türkei, Algerien, Österreich, Griechenland, die Schweiz, Deutschland, Serbien, Russland, Chile, Ungarn, Brasilien, Kroatien, Syrien, Indien

🎧 1.09–13 **b** Hören Sie. Woher kommen die Personen? Ordnen Sie zu.

Name	Land	Stadt
① Eleni Dumitru	☐ Syrien	① Deva
② Dana Nowak	☐ die USA	☐ Lublin
③ Amir Mazaad	☐ Polen	☐ Chennai
④ Ben Bieber	① Rumänien	☐ Tartus
⑤ Noor Goyal	☐ Indien	☐ Chicago

c Länder- und Städtenamen im Kurs – Sammeln Sie.

> Ich komme aus Syrien, aus Tartus. Woher kommst du?

> Ich komme aus …

> Ich komme aus Istanbul, und du?

> Aus Ankara.

Woher? — **kommen aus** 🙂
aus Spanien
aus **der** Türkei
aus Ankara
…

5 Buchstabieren

🎧 1.14–15 **a** Buchstabieren mit Musik – Wählen Sie.

Hören Sie und sprechen Sie mit. ⬅ **oder** ➡ Hören Sie und singen Sie mit.

ah be ce de **e**h ef ge   **ä**h
h**a i**h je ka el em en **o**h pe   **ö**h
q kwe er es te **u**h vau we   **ü**h
ix **y**psilon zet   ß scharfes s

b Ratespiel – Buchstabieren Sie Ländernamen. Raten Sie.

> I-n-d …

> Indien

6 Wo wohnst du jetzt?

a Hören Sie die Dialoge. Wer sagt das? Notieren Sie die Namen.

1) Ich wohne jetzt in Linz.

2) Ich komme aus León.

....

b Lesen Sie die Dialoge laut.

Dialog 1
- Woher kommen Sie, Frau Dumitru?
- Ich komme aus Rumänien, aus Deva.
- Und wo wohnen Sie jetzt?
- Ich wohne in Linz. Und Sie, Frau Daum?
- Ich komme aus Wien und wohne jetzt in Linz.

Dialog 2
- Hallo, ich bin Pablo und wer bist du?
- Ich heiße Dana. Ich komme aus Lublin. Das ist in Polen. Woher kommst du?
- Ich komme aus León, Spanien.
- Und wo wohnst du jetzt?
- In Linz.

c Markieren Sie die Verben in 6b. Ergänzen Sie die Formen von *kommen* und *wohnen* in der Tabelle.

FOKUS	Verben und Personalpronomen	
	kommen	wohnen
ich	komm........	wohn........
du	komm........	wohn........
Sie	komm........	wohn........

Wo?   wohnen in
in Linz
in Österreich
…

7 Das ist Pablo, das ist Dana.

a Lesen Sie die Texte. Ergänzen Sie die Tabelle.

Das ist Pablo. Er kommt aus Spanien, aus León. Er wohnt jetzt in Linz.

Das ist Dana. Sie ist aus Lublin. Das ist in Polen. Sie wohnt jetzt in Österreich.

FOKUS	Verben und Personalpronomen			
	kommen	wohnen	heißen	sein
er (Pablo) / sie (Dana)	komm........	wohn........	*heißt*	....

b Ergänzen Sie die Sätze.

Das ist Ben. Er .... aus den USA. .... wohnt jetzt in Linz.

Das ist Eleni. Sie .... in Österreich. .... kommt aus Rumänien.

UND SIE?

Wer? Wie? Woher? Wo? –
Fragen Sie drei Personen und stellen Sie sie vor.
Machen Sie eine Kursliste.

8 Anmeldung in der Firma

a Hören Sie. Welches Foto passt? Kreuzen Sie an. 🎧 1.18

 A ☐

 B ☐

b Hören Sie noch einmal und lesen Sie mit. Ergänzen Sie das Formular.

● Wie ist Ihr Familienname?
○ Dumitru.
● Wie schreibt man das, bitte?
○ D-u-m-i-t-r-u.
● Und wie ist Ihr Vorname?
○ Eleni: E-l-e-n-i.
● Woher kommen Sie?
○ Aus Rumänien.
● Wo wohnen Sie?
○ Hier in Linz, Blumauerstraße 4.
● Wie ist Ihre Postleitzahl?
○ 4020.
● Wie ist Ihre Telefonnummer?
○ 0732 63822392.
● Danke, Frau Dumitru. Auf Wiedersehen.
○ Auf Wiedersehen.

K&L – Dienstleistungen GmbH

Familienname _Dumitru_
Vorname ....
Herkunft (Land) ....
Adresse
Straße/Hausnummer _Blumauerstraße_
Postleitzahl/Ort ....
Telefon ....

c 🎧 1.19 Zahl und Wort von 0 bis 10 – Hören Sie und lesen Sie. Zählen Sie dann laut.

| 0 null | 1 eins | 2 zwei | 3 drei | 4 vier | 5 fünf |

| 6 sechs | 7 sieben | 8 acht | 9 neun | 10 zehn |

UND SIE?

Wie ist Ihre Postleitzahl und wie ist Ihre Telefonnummer? Fragen und antworten Sie.

— Wie ist Ihre Postleitzahl? — 4020. — Wie ist Ihre Telefonnummer? — 0732 63822392.

9 Fragen und Antworten

a Sammeln Sie drei Fragen und drei Antworten aus Kapitel 1. Wo steht das Verb? Markieren Sie.

Wie heißen Sie?

b Ergänzen Sie die Tabelle.

FOKUS

W-Fragen			Antworten		
	Verb: Position 2			Verb: Position 2	
Wie	heißen	Sie?	Ich	heiße	Osman.
Woher		…………	Ich		…………
Wo		…………	Ich		…………

c Lebende Sätze – Spielen Sie.

1. aus Polen / Dana / kommt / .
2. Ihr Familienname / ist / Wie / ?
3. wohnst / Wo / du / ?
4. wohne / Ich / in Österreich / .
5. kommen / Woher / Sie / ?
6. heiße / Helga / Ich / .

Am Satzanfang schreibt man groß.
Wie heißt er?
Er heißt Pablo.

🎧 1.20 **d** Ergänzen Sie den Dialog. Hören Sie zur Kontrolle.

- Guten Tag, wie heißen Sie, bitte?
● Guten Tag.
○ …………………………………………………………………
- Pablo, also P-a-b-l-o?
● Pablo, Pablo Puente.
○ …………………………………………………………………
- Und wie ist Ihr Familienname?
● Ja, richtig.
○ …………………………………………………………………
- Wie ist Ihre Telefonnummer?
● Puente. Ich buchstabiere: P-u-e-n-t-e.
○ …………………………………………………………………
- Wo wohnen Sie?
● Jägerstraße 10, in Linz.
○ …………………………………………………………………
● Meine Telefonnummer ist …

e Spielen Sie Dialoge wie in 9d.

VORHANG AUF

Spielen Sie Dialoge zu den Bildern.

Ich komme aus … und wohne jetzt in … Und du?

Multilingua Anmeldung

Familienname: …
Vorname: …
Herkunft (Land): …
Wohnort: …
Telefonnummer: …
…

ÜBUNGEN

1 Begrüßungen

🎧 1.21 Hören Sie. Ergänzen Sie die Sprechblasen.

Herzl*i*ch w__llk__mm__n!

G_____ Tag, F_____ Dumitru.

G_____ Tag, H_____ Puente.

H_____ Pablo.

H_____ Eleni.

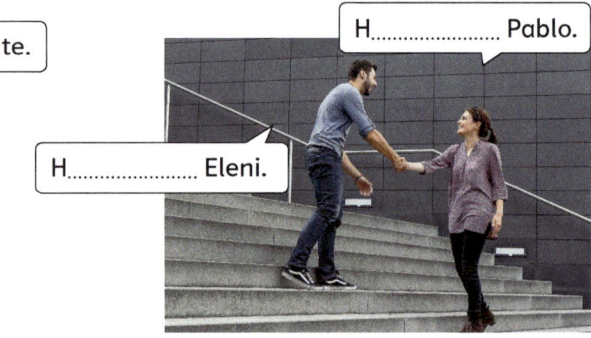

2 Der erste Kurstag

🎧 1.22 **a** Hören Sie. Wer ist das? Kreuzen Sie an.

Dialog 1
[X] Herr Puente und Frau Daum.
[ ] Frau Dumitru und Herr Puente.

Dialog 2
[ ] Frau Daum und Herr Puente.
[ ] Herr Puente und Frau Canale.

b Schreiben Sie die Dialoge.

Dialog 1
● guten/tag,/ichheißepablopuente.
   wieheißensie?
○ gutentag,ichheißeannadaum.

● *Guten Tag, ich heiße Pablo Puente.*
   Wie heißen Sie?

○ ....

Dialog 2
● gutenabend,ichheißepablopuente.
   wieheißensie?
○ gutenabend,ichheißemariacanale.

● ....
   ....

○ ....

c Ergänzen Sie die Sprechblasen.

Auf Wiedersehen.   Guten Abend.   Tschüs.   ~~Guten Morgen.~~

Guten Morgen.

3 Ich, du und Sie

1.23 Ergänzen Sie die Dialoge. Hören Sie zur Kontrolle.

Dialog 1
- Guten Tag. I*ch* heiß...... Bieber. Und S..........?
- I.......... heiß.......... Koslowski.
- Ah, S.............. s.............. H.............. Koslowski!

Dialog 2
- Hallo, ich b.......... Eleni. Und wer b.............. d..............?
- Hallo Eleni! I.......... b.......... Maria.
- Entschuldigung, wie heiß.......... d..............?
- Maria.

4 Woher kommst du?

a Ländernamen – Schreiben Sie.

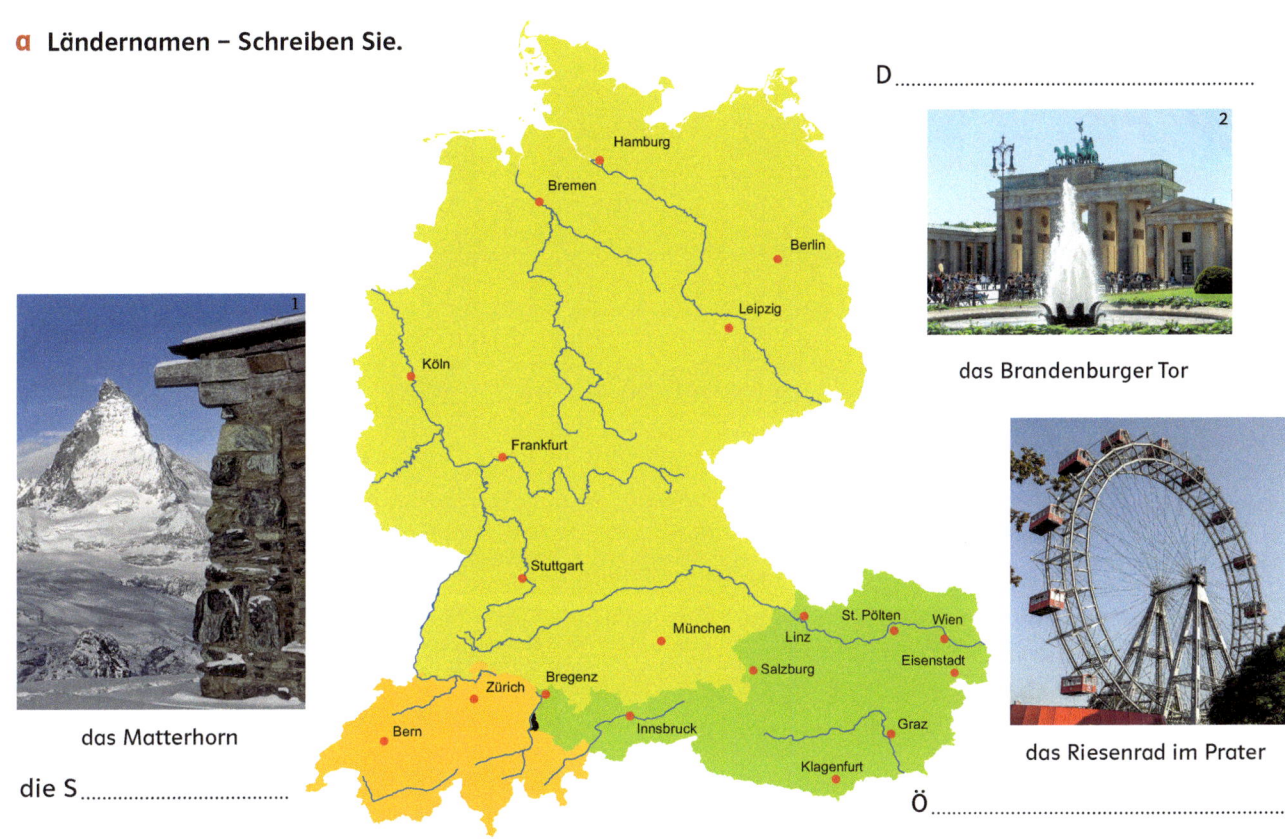

D..

das Brandenburger Tor

das Riesenrad im Prater

das Matterhorn

die S..............................

Ö..............................

1.24 **b** Hören Sie. Was passt: a oder b? Kreuzen Sie an.

1. Woher kommst du?
   ⓐ Ich komme aus Indien.
   ⓑ Ich komme aus Syrien.

2. Woher kommst du?
   ⓐ Ich komme aus Ankara.
   ⓑ Ich komme aus Istanbul.

3. Woher kommen Sie?
   ⓐ Ich komme aus Linz.
   ⓑ Ich komme aus Wien.

5 Buchstabieren

1.25 **a** Hören Sie. Schreiben Sie die Namen.

1. ☐☐☐☐☐☐☐
2. ☐☐☐☐☐☐☐☐☐
3. ☐☐☐☐☐☐☐☐☐
4. ☐☐☐☐☐☐☐☐☐☐

1.26 **b** Ergänzen Sie. Hören Sie zur Kontrolle.

Ôsterreich   die Schw___z   D___tschland   die T_rkei   Rum_nien   S_rien

6 Wo wohnst du jetzt?

a Ergänzen Sie den Dialog. Hören Sie zur Kontrolle.

wohnen Sie   ~~kommen Sie~~   wohne in   wohne in
komme aus   komme aus

- ● Guten Tag, Frau Daum, woher ...*kommen Sie*...?
- ○ Ich .... Österreich, aus Wien.
- ● Und wo .... jetzt?
- ○ Ich .... Linz. Und Sie, Frau Nowak?
- ● Ich .... Polen und .... Linz.

b Schreiben Sie den Dialog. Hören Sie zur Kontrolle.

- ● Ich komme aus Chicago, USA.
- ● Hallo, ich bin Ben. Und wer bist du?
- ● In Linz.
- ○ Ich heiße Eleni. Ich komme aus Deva. Das ist in Rumänien. Woher kommst du?
- ○ Und wo wohnst du jetzt?

Hallo, ich bin Ben …

c Ergänzen Sie die Verben.

Dialog 1
- ● Wie heiß*t* du?
- ○ Ich heiß........ Dana.
- ● Woher komm*st* du?
- ○ Ich komm........ aus Polen.
- ● Wo wohn........ du?
- ○ Ich wohn........ in Linz.

Dialog 2
- ● Wie heiß........ Sie?
- ○ Ich heiß........ Ben Bieber.
- ● Woher komm........ Sie?
- ○ Ich komm........ aus den USA.
- ● Wo wohn........ Sie?
- ○ Ich wohn........ in Linz.

d Und Sie? Antworten Sie.

- ● Wie heißen Sie?
- ○ ....
- ● Woher kommen Sie?
- ○ ....
- ● Wo wohnen Sie?
- ○ ....

ÜBUNGEN 1

7 Das ist Pablo, das ist Dana.

a Schreiben Sie Sätze.

1. das/ist/frau/daum./sie/kommt/aus wien./sie/wohnt/jetzt/in/linz.
Das ist Frau Daum. Sie kommt aus Wien. Sie wohnt jetzt in Linz.

4. dasistbenbieber.erkommtaus chicago.erwohntinlinz.

2. dasistnoorgoyal.siekommtausindien. siewohntinösterreich.

5. dasistelenidumitru.siewohntin linz.siekommtausrumänien.

3. dasistfraunowak.siekommtauspolen, auslublin.siewohntinlinz.

6. dasistamirmazaad.erwohntin linz.erkommtaussyrien.

b Ergänzen Sie die Verben.

1.
Das ist Christina Stürmer. Christina komm...*t*... aus Linz, Oberösterreich. Sie wohn........ in Niederösterreich.

2.
● Wie heiß.......... Sie?
○ Ich heiß........ Sebastian Vettel.
● Woher komm.......... Sie?
○ Ich komm........ aus Deutschland. Ich wohn........ in der Schweiz.

3.
● Hallo! Wer b.............. du?
○ Ich b.......... Heidi. Ich komm........ aus der Schweiz.

4.
Er heiß........ Arnold Schwarzenegger. Er komm........ aus Österreich, aus der Steiermark. Er wohn........ in Kalifornien.

elf 11

8 Anmeldung in der Firma

a Und Sie? Ergänzen Sie das Formular.

Kurs GmbH

Familienname	....
Vorname	....
Herkunft (Land)	....
Adresse:	
Straße/Hausnummer	....
Postleitzahl/Ort	....
Telefon	....

b Zahlen 0 bis 10 – Schreiben Sie Zahlen zu den Wörtern.

_6_ sechs ...... eins ...... zehn ...... zwei ...... neun

...... drei ...... acht ...... vier ...... sieben ...... fünf

🎧 1.29 **c** Hören Sie und ergänzen Sie die Wörter. Zählen Sie laut.

n_u_ll • ___ns • zw___ • dr___ • v___r • f_nf • s_chs • s___ben • _cht • n___n • z_hn

🎧 1.30 **d** Wie ist die Telefonnummer? Hören Sie und notieren Sie.

a) _06_ .... c) ....

b) .... d) ....

9 Fragen und Antworten

a Lesen Sie die Fragen. Welche Antwort passt: a oder b? Kreuzen Sie an.

1. ● Woher kommt Dana?
   ⓐ ○ Ich komme aus Polen.
   ⓑ ● Sie kommt aus Polen.

2. ● Wie heißt du?
   ⓐ ○ Ich bin Frau Dumitru.
   ⓑ ○ Eleni.

3. ● Wo wohnt Pablo?
   ⓐ ○ Er wohnt in der Jägerstraße 10.
   ⓑ ○ Sie wohnt in der Jägerstraße 10.

4. ● Wo wohnen Sie?
   ⓐ ○ Aus Linz.
   ⓑ ○ In Linz.

5. ● Wie buchstabiert man das?
   ⓐ ○ D-u-m-i-t-r-u.
   ⓑ ● Ja, richtig.

6. ● Wie ist Ihr Familienname?
   ⓐ ○ Anna.
   ⓑ ○ Daum.

b Schreiben Sie die Fragen.

1. _Wie ist Ihr Familienname?_ — Puente.
2. .... — Pablo.
3. .... — Aus Spanien.
4. .... — In Linz.
5. .... — 0650 50974456.
6. .... — 4020.

ÜBUNGEN 1

c Schreiben Sie die Sätze in die Tabelle.

~~1. kommen / Woher / Sie / ?~~   3. wohnen / Sie / ? / Wo   5. kommt / Er / aus / St. Pölten /.
2. komme / aus / Graz /. / Ich   4. wohne / Ich / in / Innsbruck /.   6. wohnt / Sie / in / Bregenz /.

	Verb: Position 2	
1. Woher	kommen	Sie?

LEICHTER LERNEN

Werkzeuge zum Deutschlernen

a Ordnen Sie die Wörter zu.

Stift   Bleistift   ~~Radiergummi~~   Marker

Radiergummi   ....

b Beginnen Sie Ihr Deutschheft. Schreiben Sie die Verbtabelle wie im Beispiel ins Heft.

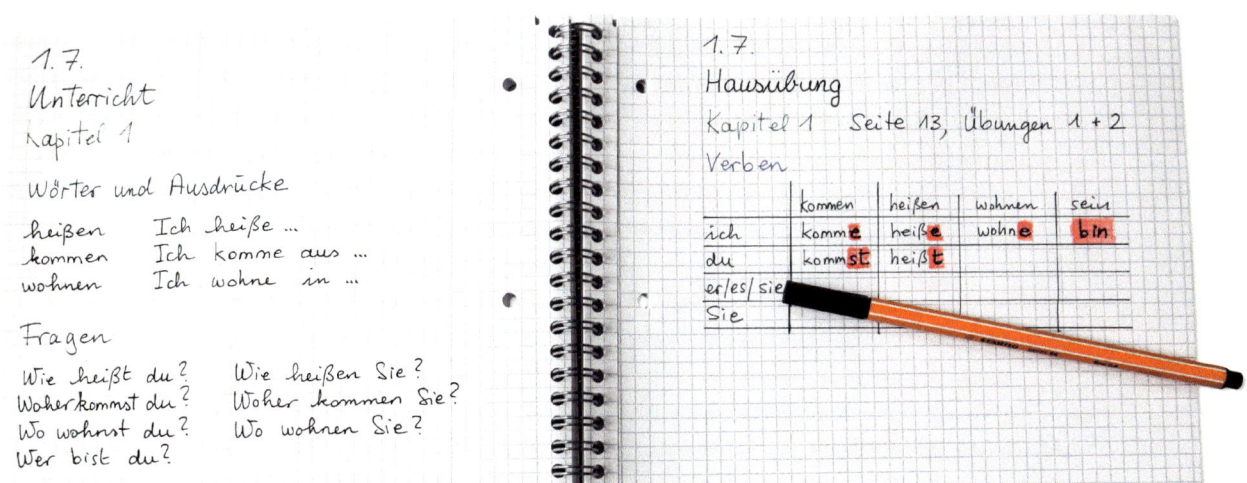

RICHTIG SCHREIBEN

Namen (Eleni) und Nomen (Abend, Heft) schreibt man groß: **E**leni, **Ö**sterreich, **W**ien, **A**bend.
Am Satzanfang schreibt man groß.
Am Satzende steht ein Punkt**.**
Nach einer Frage steht ein Fragezeichen: Wie heißen Sie**?**

Schreiben Sie den Text.

weristdasdasistfredwintererkommtauslondonerwohntinwienerwohntinderheinestraße10

....

....

....

dreizehn 13

Mein Deutsch nach Kapitel 1

Das kann ich:

sich begrüßen und verabschieden	 		**Spielen Sie Dialoge.** Guten Morgen, Frau Berg.
sich mit Namen, Adresse und Wohnort vorstellen			**Sprechen Sie.** Ich heiße … Ich komme aus … Ich wohne in …
nach Namen, Herkunft und Wohnort fragen			**Spielen Sie Dialoge.** Wie heißt du? / Wie heißen Sie? Woher kommst …? / Woher kommen Sie? Wo …?
eine andere Person vorstellen			**Sprechen Sie.** Das ist … Er/Sie kommt aus …
buchstabieren A, B, C, D, E, F, G, H, I, J, K, L, M, N, O, P, Q, R, S, T, U, V, W, X, Y, Z			**Buchstabieren und schreiben Sie.** 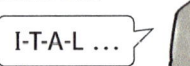  I-T-A-L …
Telefonnummer und Postleitzahl sagen			**Sprechen Sie.** Meine Telefonnummer ist … Meine Postleitzahl … www →A1/K1

Das kenne ich:

Verben und Personalpronomen

	sein	kommen	wohnen	heißen
ich	bin	komme	wohne	heiße
du	bist	kommst	wohnst	heißt
er/sie	ist	kommt	wohnt	heißt
Sie	sind	kommen	wohnen	heißen

Fragewörter

Wie?	Wie heißen Sie?
Wo?	Wo wohnen Sie?
Woher?	Woher kommen Sie?
Wer?	Wer kommt aus Syrien?

Er und sie

Pablo kommt aus Spanien.   Eleni kommt aus Deva.
↳ Er wohnt in Linz.   ↳ Sie wohnt in Linz.

Präpositionen

wohnen **in**   Ich wohne **in** Krems.
kommen **aus**   Ich komme **aus** Italien.

W-Fragen und Antworten

Verb: Position 2

W-Frage	Woher	(kommst)	du?
Antwort	Ich	(komme)	aus Spanien.

Kontakte 2

"Pablo? Bist du das?"

1 Die Telefonnummer von Pablo

🎧 1.31 **a** Hören Sie das Telefongespräch. Nummerieren Sie die Fotos.

b Hören Sie noch einmal. Wer sagt das? Ordnen Sie zu.

	Nesrin	Herr Müller	Pablo
Meine Nummer ist 9-3-3-4-0-2-7.	☐	☒	☐
Wie bitte? Bitte noch einmal langsam.	☐	☐	☐
Vielen Dank, auf Wiederhören.	☐	☐	☐
Kein Problem!	☐	☐	☐
Die Telefonnummer ist falsch.	☐	☐	☐
Das ist der Chef!	☐	☐	☐

c Wie sagen Sie am Telefon?

Hallo!

Mayerhofer.

Müller GmbH, Trenker.

Ich sage *hola*!

Lernziele

Sprechen nach Telefonnummer/E-Mail-Adresse fragen; Zahlen von 0–100 im Alltag nennen/verstehen; nach Sprache/Nationalität fragen; persönliche Angaben machen | **Hören** Telefonnummern; Dialoge beim Kennenlernen | **Schreiben** über sich selbst | **Lesen** Informationen über einen Deutschkurs / die Firma | **Beruf** Berufsbezeichnungen; Informationen über eine Firma verstehen

2 Die Telefonnummer

a Nesrin speichert die Nummer. Ordnen Sie zu.

1. ~~Vorwahl~~
2. Vorname
3. Familienname
4. Telefonnummer

🎧 1.32–33 **b** Hören Sie die Dialoge und notieren Sie die Telefonnummern.

🎧 1.34 **c** Hören Sie und schreiben Sie die Zahlen zu den Wörtern.

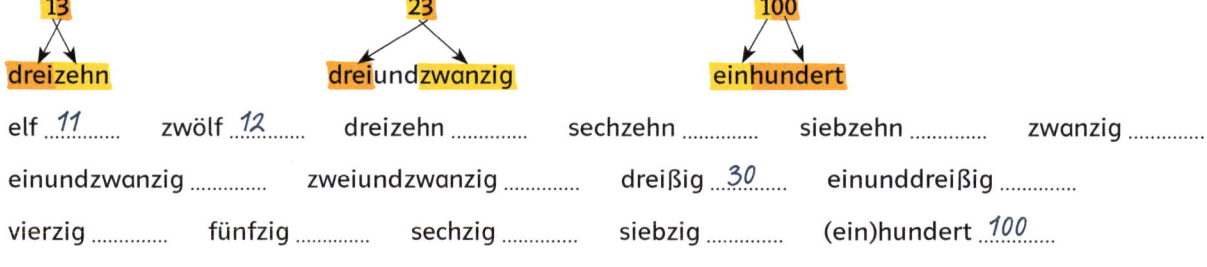

elf _11_   zwölf _12_   dreizehn _____   sechzehn _____   siebzehn _____   zwanzig _____

einundzwanzig _____   zweiundzwanzig _____   dreißig _30_   einunddreißig _____

vierzig _____   fünfzig _____   sechzig _____   siebzig _____   (ein)hundert _100_

🎧 1.35 **d** Hören Sie die Zahlen. Sprechen Sie laut nach.

  1 – 10:   1, 2, 3, 4, 5, 6, 7, 8, 9, 10
11 – 20:   11, 12, 13, 14, 15, 16, 17, 18, 19, 20
21 – 30:   21, 22, 23, 24, 25, 26, 27, 28, 29, 30
31 – 40:   31, 32, 33, 34, 35, 36, 37, 38, 39, 40
50 – 100:   50, 60, 70, 80, 90, 100

🎧 1.36 **e** Welche Zahlen hören Sie? Kreuzen Sie an. Lesen Sie dann beide Zahlen laut.

1. ☐ 13 ☒ 30   2. ☐ 25 ☐ 52   3. ☐ 16 ☐ 60
4. ☐ 91 ☐ 19   5. ☐ 65 ☐ 56   6. ☐ 80 ☐ 18

🎵 1.37 **f** Aussprache: Wortakzent – Hören Sie, klatschen Sie und sprechen Sie nach.

zwei   sieben   dreizehn   zweiundzwanzig   neunundneunzig   einhundert
 •   • •   • •   • • • •   • • • •   • • •

g Spielen Sie. Wählen Sie.

Zahlenpaare: Schreiben Sie die Ziffern 1–9 auf Zettel. Bilden Sie unterschiedliche Paare.

 oder

Siebenunddreißig!

Telefonanrufe: Variieren Sie das Muster.

● Hallo?
○ Frau Müller?
● Nein, hier ist Herr Trang.
○ Ist das die Nummer 784 6550?
● Nein. Das ist die Nummer 784 6330.
○ Oh, Entschuldigung!
● Kein Problem.

3 Auf der Party – Kontakte

a Lesen Sie die Sprechblasen. Ordnen Sie die Fragen den Antworten zu.

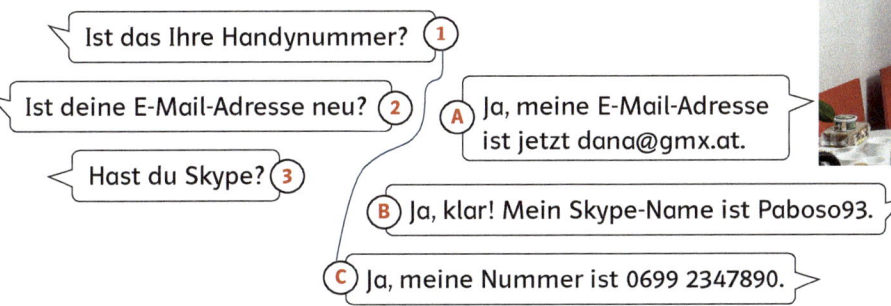

Ist das Ihre Handynummer? 1
Ist deine E-Mail-Adresse neu? 2
Hast du Skype? 3

A Ja, meine E-Mail-Adresse ist jetzt dana@gmx.at.
B Ja, klar! Mein Skype-Name ist Paboso93.
C Ja, meine Nummer ist 0699 2347890.

🎧 1.38–40 **b** Hören Sie die Dialoge. Beantworten Sie die Fragen: ja oder nein? Kreuzen Sie an.

	Ja	Nein
1. Hat Ben WhatsApp?	☐	☐
2. Ist Pablo bei Facebook?	☐	☐
3. Hat Dana Skype?	☐	☐
4. Hat Nesrin eine E-Mail-Adresse?	☐	☐
5. Ist Nesrin bei Facebook?	☐	☐

G **haben**

ich	hab**e**
du	ha**st**
er/sie	ha**t**
Sie	hab**en**

c Lesen Sie die Sätze. Ergänzen Sie die Tabelle. G

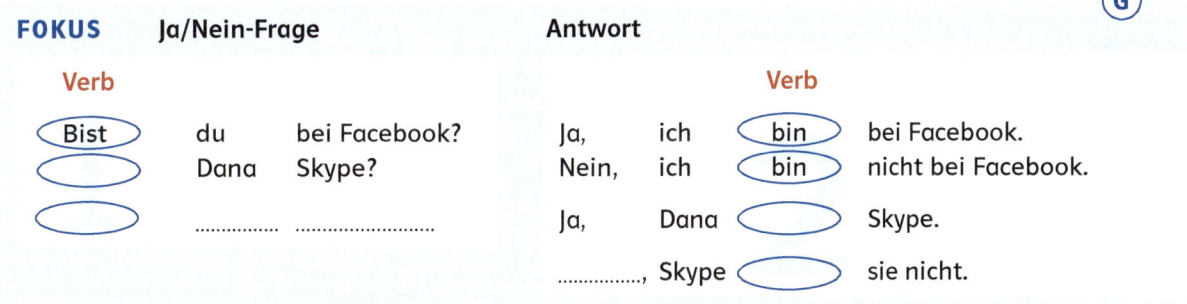

FOKUS Ja/Nein-Frage   Antwort

Verb   Verb

Bist   du   bei Facebook?   Ja,   ich   bin   bei Facebook.
○   Dana Skype?   Nein, ich   bin   nicht bei Facebook.
○   ....   Ja,   Dana ○   Skype.
                                     ......, Skype ○   sie nicht.

🎵 1.41 **d** Satzmelodie – Hören Sie die Sätze und sprechen Sie nach.

Hast du eine E-Mail-Adresse? ↗   Ja, meine E-Mail-Adresse ist silvi_max-lin@mfx.at. ↘
Bist du bei Facebook? ↗   Nein, ich bin nicht bei Facebook. ↘

e Schreiben Sie die Fragen.

1. Ihre E-Mail-Adresse / neu / sein   3. du / Skype / haben
2. du / bei Facebook / sein   4. Sie / WhatsApp / haben

1. Ist Ihre E-Mail-Adresse neu?
2. ...

UND SIE?

_	–	•	@
Unterstrich	Bindestrich	Punkt	at

Fragen und antworten Sie.

Hast du Skype?   Ja.   Wie ist Ihre E-Mail-Adresse?   victor@gmail.com.

siebzehn 17

4 Nesrins Freunde

a Hören Sie die Dialoge. Ordnen Sie die Dialoge den Fotos zu. Lesen Sie die Dialoge laut.

A ☐  B ☐  C ☐

Dialog 1
- Hallo, wie heißt du?
- Pablo.
- Woher kommst du?
- Aus León.
- Sprichst du Portugiesisch?
- Nein, ich spreche Spanisch. Ich bin Spanier!
- Ach so.
- Und wie heißt du?
- Karin.

Dialog 2
- Das ist Dana.
- Hallo Dana.
- Dana, das ist Karin.
- Hallo Karin. Kommst du aus Österreich?
- Ja, ich bin Österreicherin. Und du?
- Ich komme aus Polen.
- Dzień dobry.
- Toll, du sprichst Polnisch!
- Ja, ein bisschen.

Dialog 3
- Und das sind Evdokía und Kyra. Sie kommen aus Griechenland, aus Athen.
- Hallo, ich bin Karin.
- Guten Abend, Karin.
- Hallo.
- Ihr sprecht aber gut Deutsch.
- Oh, wir lernen Deutsch, aber Deutsch ist ein bisschen schwer.

b Lesen Sie die Dialoge noch einmal. Was passt zusammen?

1. Dana a) lernen Deutsch.
2. Karin b) ist Spanier.
3. Pablo c) spricht ein bisschen Polnisch.
4. Evdokía und Kyra d) ist Österreicherin.
5. Karin e) kommt aus Polen.

c Markieren Sie die Verbformen in den Dialogen in 4a und ergänzen Sie die Tabelle.

FOKUS Verben und Personalpronomen

	lernen	sprechen	sein	haben
ich	lerne	sprech.........	....	habe
du	lernst	sprich.........	bist	hast
er/sie	lernt	spricht	....	hat
wir	....	sprechen	sind	haben
ihr	lernt	....	seid	habt
sie/Sie (Sg./Pl.)	lernen	sprechen	....	haben

d Spielen Sie. Schreiben Sie Sätze auf Zettel. Zerschneiden Sie sie und legen Sie sie neu zusammen.

Wir | *lernen Deutsch.*

Ben | *kommt aus den USA.*

5 Länder und Sprachen

a Ergänzen Sie die Tabelle mit Informationen aus 4a.

Land	Sprache	Nationalität	
		♂ -e oder -er	♀ -in
Griechenland	Griechisch	der Grieche	die Griechin
		der Deutsche	die Deutsche
		der Pole	die Polin
Österreich		der	die Österreicherin
Und Sie?			

♪ 1.45 **b** Hören Sie die Wörter und unterstreichen Sie die betonte Silbe. Sprechen Sie nach.

Österreich • Polen • Italien • Portugal • Syrien • Griechenland

Deutsch • Polnisch • Italienisch • Portugiesisch • Arabisch • Griechisch

c Fragen und antworten Sie.

> Welche Sprachen sprichst du?

> Ich spreche Ukrainisch, Russisch und Englisch.

> Sprichst du auch Französisch?

d Ein Steckbrief – Ergänzen Sie den Text.

spreche ~~ist~~ sind komme lernen bin lerne

Mein Name _ist_ Tian Xu. Ich ....
aus China. Ich .... Chinese und .... Chinesisch
und ein bisschen Deutsch. Jetzt .... ich Deutsch.
Dana und Pablo .... meine Freunde.
Sie .... auch Deutsch.

UND SIE?

Schreiben Sie einen Text über sich selbst. Wählen Sie.

Sie schreiben allein. ◀ oder ▶ Sie schreiben in der Gruppe.

Das bin ich.
Ich heiße … und
bin Franzose. …

Das sind wir.
Wir heißen … und …

6 Pablo schreibt eine Nachricht.

a Lesen Sie die Texte. Welches Foto passt? Ordnen Sie zu.

A

B

C

1 Liebe Nesrin,
deine Party: Super! 👍
Das ist mein Deutschkurs. Wir sind 14 Leute. Zusammen sind wir 420 Jahre alt ☺. Zwei Leute kommen aus Spanien, eine Person aus Italien. Zwei kommen aus Syrien und drei aus Polen. Die anderen kommen aus Indien, Griechenland, Rumänien, Portugal, aus den USA und aus Brasilien.

2 Und das sind Kamila, Marek und Renato. Kamila kommt aus Portugal. Sie ist 24 Jahre alt und Verkäuferin. Marek kommt aus Polen. Er ist 35. Und Renato kommt aus Brasilien. Er ist 32 Jahre alt. Marek ist Ingenieur von Beruf. Renato ist Busfahrer, aber er ist arbeitslos.

3 Die Lehrerin heißt Anna. Sie ist Österreicherin. Sie spricht Deutsch, Russisch, Englisch und Spanisch. Sie ist toll!
Bis bald ☺
Tschüs Pablo ✿

16:42

b Lesen Sie die Nachricht noch einmal. Kreuzen Sie an: richtig (R) oder falsch (F)?

	R	F
1. Im Deutschkurs sind 14 Leute.	☐	☐
2. Zwei Leute kommen aus Portugal.	☐	☐
3. Marek spricht Polnisch.	☐	☐
4. Der Brasilianer ist 32 Jahre alt.	☐	☐
5. Kamila ist die Lehrerin.	☐	☐
6. Anna spricht vier Sprachen.	☐	☐

c Das Alter – Wie alt ist …? Beantworten Sie die Fragen.

1. Wie alt ist Kamila? _Kamila ist 24 Jahre alt._

2. Wie alt ist Marek? ………………………………………………

3. Wie alt ist Renato? ………………………………………………

UND SIE?

a Das Alter – Fragen und antworten Sie.

– Wie alt bist du? — Ich bin 26.

– Wie alt sind Sie?

b Erzählen Sie im Kurs.

– Irina ist 41 Jahre alt. — Und Michail ist 19.

– Wie alt seid ihr?
— Wir sind zusammen 127 Jahre alt.

34
+ 50
+ 23
+ 20
127

7 Nesrin antwortet.

a Lesen Sie den Text. Wer sind die Personen auf den Fotos A und B?

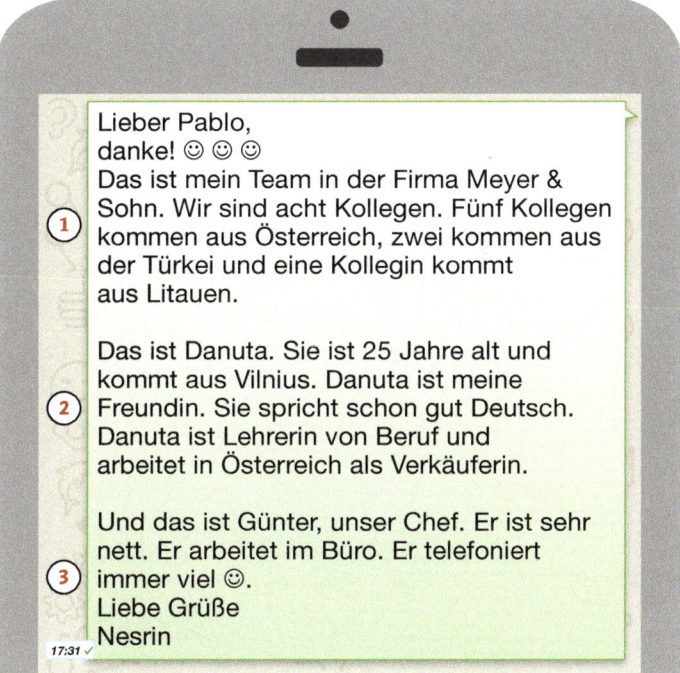

A

B

① Lieber Pablo,
danke! ☺ ☺ ☺
Das ist mein Team in der Firma Meyer & Sohn. Wir sind acht Kollegen. Fünf Kollegen kommen aus Österreich, zwei kommen aus der Türkei und eine Kollegin kommt aus Litauen.

② Das ist Danuta. Sie ist 25 Jahre alt und kommt aus Vilnius. Danuta ist meine Freundin. Sie spricht schon gut Deutsch. Danuta ist Lehrerin von Beruf und arbeitet in Österreich als Verkäuferin.

③ Und das ist Günter, unser Chef. Er ist sehr nett. Er arbeitet im Büro. Er telefoniert immer viel ☺.
Liebe Grüße
Nesrin

b Ergänzen Sie den Text mit den Informationen aus Aufgabe 7a.

Nesrin arbeitet in der .... Meyer & Sohn. Dort sind acht .... Sie kommen aus Österreich, aus der .... und aus Litauen.
Die Freundin von Nesrin heißt .... Sie arbeitet als .... Günter arbeitet im Büro. Er ist der ....

G

 Mann   Frau

der Verkäufer   die Verkäufer**in**
der Chef   die Chef**in**
der Lehrer   die Lehrer**in**

c Fragen und antworten Sie. Sammeln Sie im Kurs. Das Wörterbuch hilft.

◁ Was bist du von Beruf? ▷   ◁ Ich bin Krankenschwester. ▷

d Üben Sie die Fragen und Antworten mit *du* und *Sie*.

Was bist du von Beruf? → Ich bin Lehrer. Was bist du von Beruf? → Ich bin …

Was sind Sie von Beruf? → Ich bin Student. Was sind Sie von Beruf? → Ich bin …

 K2   **VORHANG AUF**

Spielen Sie Gespräche im Kurs. Fragen und antworten Sie.

Fragen Sie eine Person nach Adresse, Telefonnummer und E-Mail-Adresse.      Arbeiten Sie in Gruppen. Machen Sie eine Kursliste. Schreiben Sie Nationalität, Land und Sprache auf.

ÜBUNGEN

1 Die Telefonnummer von Pablo

Lesen Sie und ergänzen Sie den Dialog.

Vielen Dank   ~~Guten Tag~~

langsam   die Telefonnummer

● K&L Dienstleistungen Müller, guten Tag.

○ _Guten Tag_. Pablo, bist du das?

● Pablo?

○ Ja, Pablo Puente. Wie ist .... von Pablo Puente?

● Die Nummer ist 93-34-0-3-7.

○ Wie bitte? Bitte noch einmal ....

● 9-3-3-4-0-3-7.

○ .... Auf Wiederhören.

● Kein Problem. Auf Wiederhören.

2 Die Telefonnummer

a Wie heißen die Wörter? Ergänzen Sie.

0676 8749631	1.	H	A		Y					R	
Pablo	2.	V			A						
0732	3.	V			A	L					
Puente	4.		F	A		I			N		
9334037	5.		T					N			R

b Ergänzen Sie die Wörter aus Aufgabe 2a.

1. Wie ist Ihre _Handynummer_ ? 0676 41364941.
2. Wie ist Ihr .... ? Dana.
3. Wie ist Ihr .... ? Nowak.
4. Wie ist Ihre .... ? 458366.
5. Wie ist Ihre .... ? 0732.

🎧 1.46   **c Welche Zahlen hören Sie? Kreuzen Sie an.**

1. [X] 17 [ ] 70   5. [ ] 40 [ ] 14   9. [ ] 44 [ ] 14 [ ] 40
2. [ ] 19 [ ] 90   6. [ ] 15 [ ] 50   10. [ ] 19 [ ] 90 [ ] 99
3. [ ] 30 [ ] 13   7. [ ] 90 [ ] 19   11. [ ] 30 [ ] 13 [ ] 33
4. [ ] 16 [ ] 60   8. [ ] 18 [ ] 80   12. [ ] 66 [ ] 60 [ ] 16

ÜBUNGEN 2

🎵 1.47 **d** Hören Sie noch einmal. Markieren Sie die betonte Silbe und sprechen Sie nach.

1. <u>sieb</u>zehn	siebzig	9. vierundvierzig	vierzehn	vierzig
2. neunzehn	neunzig	10. neunzehn	neunzig	neunundneunzig
3. dreißig	dreizehn	11. dreißig	dreizehn	dreiunddreißig
4. sechzehn	sechzig	12. sechsundsechzig	sechzig	sechzehn
5. vierzig	vierzehn			
6. fünfzehn	fünfzig			
7. neunzig	neunzehn			
8. achtzehn	achtzig			

3 Auf der Party – Kontakte

🎧 1.48 **a** Ergänzen Sie die Formen von *haben* und *sein*. Hören Sie zur Kontrolle.

1. *Hast* du Skype?
2. .... Sie WhatsApp?
3. Ich .... Skype.
4. .... Sie bei Facebook?
5. Wie .... die E-Mail-Adresse von Ben?
6. Nesrin, ... du bei Facebook?

🎵 1.49 **b** Satzmelodie – Was hören Sie? Kreuzen Sie an.

Satz 1: [X] ↗ [ ] ↘   Satz 3: [ ] ↗ [ ] ↘
Satz 2: [ ] ↗ [ ] ↘   Satz 4: [ ] ↗ [ ] ↘

c Hören Sie noch einmal und sprechen Sie nach.

1. Haben Sie Skype?
2. Ja, ich habe Skype.
3. Sind Sie bei Facebook?
4. Nein, ich bin nicht bei Facebook.

d Schreiben Sie die Frage.

● *Heißen Sie Anna Kapanova?* ○ Nein, ich heiße Ludmilla Kapanova.
● .... ○ Ja, ich wohne in Leoben.
● .... ○ Ja, ich bin bei Facebook.
● .... ○ Nein, ich komme nicht aus Italien.
● .... ○ Ja, meine Telefonnummer ist 56144.

🎧 1.50 **e** Hören Sie und schreiben Sie die E-Mail-Adressen.

1. *o_tan@t-online.at*
2. ....
3. ....
4. ....

4 Nesrins Freunde

a Welche Verbform passt? Kreuzen Sie an: a oder b.

1. Dana (a) kommen aus Polen. Sie (a) spricht Polnisch.
           (X) kommt   (b) sprechen
2. Evdokía und Kyra (a) seid Griechinnen. Sie (a) sprechen Griechisch und Englisch.
                    (b) sind   (b) spricht
3. Karin   (a) sind Österreicherin. Aber sie (a) sprecht ein bisschen Polnisch.
           (b) ist   (b) spricht
4. Dana, Tian und Lilly (a) lernt Deutsch. Sie (a) sind Freunde.
                        (b) lernen   (b) seid

b Ergänzen Sie die Formen von *sein* und *sprechen*.

Dialog 1

● _Ist_ das die Lehrerin?
○ Ja, das .... die Lehrerin.
● Und wer .... du?
○ Ich .... Pablo.

Dialog 2

● .... Sie Deutsch?
○ Ja, ich .... ein bisschen Deutsch.
● Ich .... Englisch. Aber ich lerne Deutsch.

c Ergänzen Sie die Fragen. Ordnen Sie die Antworten zu.

1. Wie _ist_ deine E-Mail-Adresse?   a) Ja, sie hat Skype.
2. .... Ihre Telefonnummer 0676 5499011?   b) Nein, meine Telefonnummer ist 0650 9905411.
3. .... Nesrin Skype?   c) Meine E-Mail-Adresse ist irina@web.at.
4. .... ihr bei Facebook?   d) Facebook? Nein. Wir sind bei LinkedIn.

d Lesen Sie. Was ist falsch?

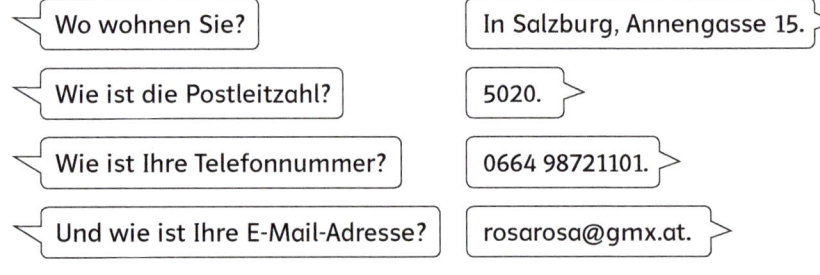

5 Länder und Sprachen

a Markieren Sie die Sprachen.

S	P	A	N	I	S	C	H	A	E	N	G	L	I	S	C	H	C	V	R
D	E	U	T	S	C	H	L	G	R	I	E	C	H	I	S	C	H	W	X
K	K	I	V	T	Ü	R	K	I	S	C	H	H	I	N	D	I	L	H	
Ö	U	J	B	U	L	G	A	R	I	S	C	H	Y	Ö	J	S	D	Ö	X
B	V	D	D	P	O	R	T	U	G	I	E	S	I	S	C	H	E	K	C
P	O	L	N	I	S	C	H	L	A	R	A	B	I	S	C	H	N	L	Ä

24 vierundzwanzig

b Ergänzen Sie das Verb *sprechen*.

1. ● Welche Sprachen _sprichst_ du?
   ○ Ich ……………… Polnisch und ein bisschen Deutsch.
2. ● ……………… Sie Englisch?
   ○ Nein. Aber ich ……………… Französisch.
3. ● Eva und Anna, ……………… ihr Spanisch?
   ○ Ja, wir ……………… ein bisschen Spanisch. Eva ……………… auch Italienisch.
4. ● Welche Sprachen ……………… Maria?
   ○ Maria ……………… Italienisch, Englisch und ein bisschen Deutsch.

🎧 1.51 **c** Steckbriefe – Hören Sie zu und kreuzen Sie an.

1. Monika ist
   ☐ Tschechin.
   ☐ Polin.

2. Jean ist
   ☐ Kanadier.
   ☐ Franzose.

3. Anna wohnt in
   ☐ Barcelona.
   ☐ Innsbruck.

4. Ali kommt aus
   ☐ Syrien.
   ☐ der Türkei.

5. Hassan ist
   ☐ Türke.
   ☐ Iraker.

d Ergänzen Sie die Tabelle.

Land	Sprache	🧍 Nationalität	🧍
Tschechien	Tschechisch	der Tscheche	die Tschechin
Frankreich			
Spanien			
Türkei			
Österreich			

6 Pablo schreibt eine Nachricht.

a Ergänzen Sie die Lücken.

Deutsch ~~Hallo~~ Sie Leute Indien USA mein

Hallo……………, Nesrin,

das ist …………… Deutschkurs. Wir sind 14 …………… aus Spanien, Polen,

Syrien, ……………, Griechenland, Rumänien, Portugal, Brasilien, Italien und

aus den ……………. Die Lehrerin heißt Anna. ………… ist Österreicherin. Sie

spricht ……………, Russisch, Englisch und Spanisch!

Liebe Grüße
Pablo

b Schreiben Sie fünf Sätze.

wie	sprechen	aus Salzburg
wo	sein	Russin / Russe
woher	wohnen	in Wien / in Graz
wie alt	kommen	Ihre E-Mail-Adresse
wer	haben	der Lehrer / die Lehrerin
	lernen	Deutsch / Russisch
ich / du / er / sie	heißen	deine Handynummer
die Lehrerin / der Lehrer		23 Jahre alt
Herr / Frau		
wir / ihr / sie		

Wo wohnst du?
Der Lehrer kommt aus Salzburg.

7 Nesrin antwortet.

a Ergänzen Sie die Nachricht von Nesrin.

Lieber Pablo,
danke! ☺ ☺ ☺

Das (1) _ist_ mein Team in der Firma Meyer & Sohn: Wir (2)............... acht Kollegen.

Fünf Kollegen (3)............... aus Österreich, zwei aus der Türkei und eine Kollegin kommt aus Litauen.

Danuta (4)............... 25 Jahre alt und kommt aus Vilnius. Sie ist meine Freundin. Sie (5)............... schon gut Deutsch. Danuta ist Lehrerin. Unser Chef heißt Günter Kastner. Er (6)............... sehr nett. Er (7)............... immer viel ☺.

Liebe Grüße
Nesrin

ist • telefoniert • ist • spricht • ist • sind • kommen

b Wählen Sie zwei Personen. Schreiben Sie Steckbriefe.

Inga Smith
Kanada
Wels
Verkäuferin
25 Jahre

Diego Balboa
Spanien
Klagenfurt
Ingenieur
38 Jahre

Freddy Liwewe
Malawi
Krems
Student
19 Jahre

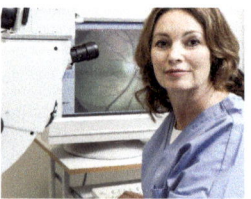
Olga Korsakow
Russland
Bregenz
Krankenschwester
53 Jahre

Sie heißt Inga Smith.
Sie kommt aus Kanada und wohnt in Wels.
Sie ist Verkäuferin von Beruf.
Sie ist 25 Jahre alt.

c Und Sie? Schreiben Sie über sich selbst.

d Berufe – Wie heißt der Mann? Wie heißt die Frau? Ergänzen Sie.

♂	♀
der Verkäufer	*die Verkäuferin*
der Lehrer	
	die Chefin
der Busfahrer	
	die Kollegin
...	

LEICHTER LERNEN

Mit Lernkarten lernen

Seite 1:
Wort auf Deutsch + Beispielsatz

sprechen
er/sie spricht
Sie spricht vier Sprachen.

Seite 2:
Wort in Ihrer Sprache

falar

RICHTIG SCHREIBEN

🎧 1.52 **a** Hören Sie Wörter mit *ie* (Sie hören *ii*) und *ei* (Sie hören *ai*).

W**ie** h**ei**ßen S**ie**?
Schr**ei**ben S**ie**.
Das ist m**ein** Bl**ei**stift und das ist m**ein** Rad**ie**rgummi.

🎧 1.53 **b** Hören Sie und ergänzen Sie *ie* oder *ei*.

s _i e_ ben • Türk___ • zw___ • m___n • v___rzig • s___ • sp___len • ___n • arb___ten • w___ • Portug___sisch • n___n • Frankr___ch • Auf W___dersehen!

Mein Deutsch nach Kapitel 2

Das kann ich:

nach der Telefonnummer und der E-Mail-Adresse fragen

Fragen Sie.

- Wie … Ihre … ?
- Meine Telefonnummer ist 58436600.
- … Sie auch … ?
- Meine E-Mail-Adresse ist sommer04@gmx.at.

Zahlen im Alltag nennen und verstehen

Fragen und antworten Sie.

- Wie ist Ihre Handynummer?   0676 9 67 56 78 98
- Wie ist Ihre Postleitzahl?
- Was ist Ihre Hausnummer?
- Wie alt sind Sie?

nach Sprache und Nationalität fragen

Sprechen Sie.

- Woher … du?
- Ich komme aus … Ich bin …
- Welche Sprachen … du?
- Ich spreche …

persönliche Angaben machen

Name   Nationalität   Beruf
   Sprache   Alter

Schreiben Sie: „*Das bin ich*".

Ich heiße …

www → A1/K2

Das kenne ich:

Personalpronomen und Konjugation

Infinitiv		haben	sprechen	lernen
Singular	ich	habe	spreche	lerne
	du	hast	sprichst	lernst
	er/es/sie	hat	spricht	lernt
Plural	wir	haben	sprechen	lernen
	ihr	habt	sprecht	lernt
	sie	haben	sprechen	lernen
Formell (*Sg./Pl.*)	Sie	haben	sprechen	lernen

Fragewörter

Was?   **Was** bist du von Beruf?

Ja/Nein-Frage   **Antwort**

Verb: Position 1   **Verb: Position 2**

(Kommst)   du   aus den USA?   Ja, ich   (komme)   aus den USA.
(Wohnst)   du   in Graz?   Nein, ich   (wohne)   in Linz.

HALTESTELLE

1 Sprechen, schreiben ...

a Schreiben und spielen Sie Dialoge.

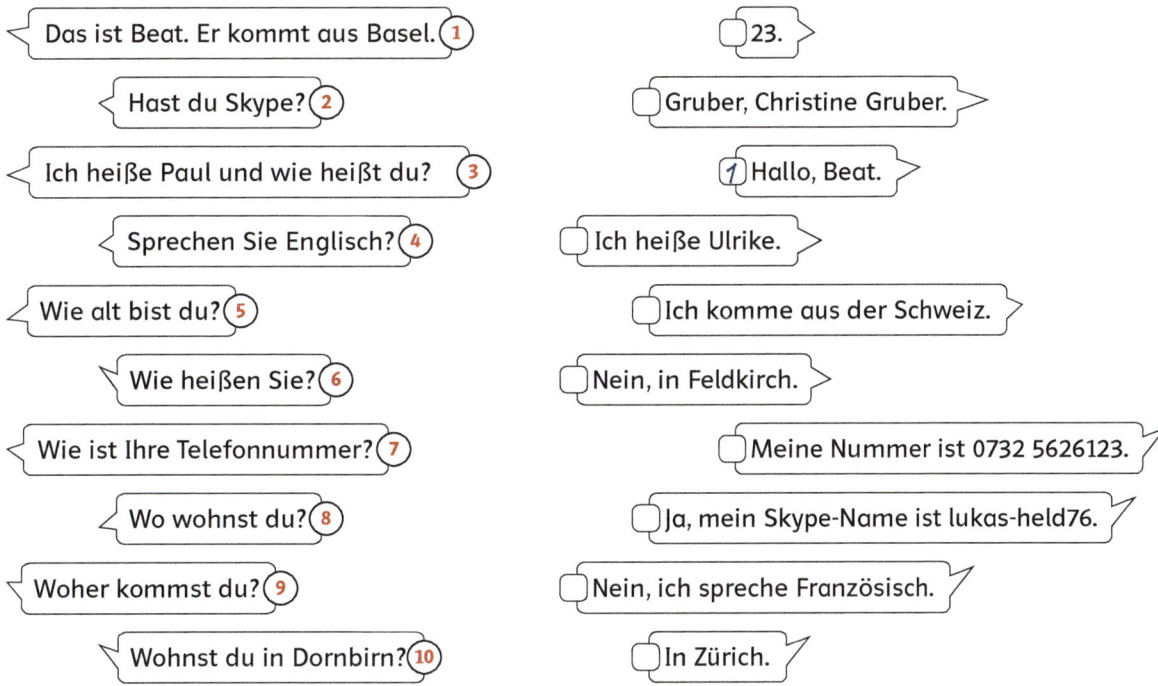

- Das ist Beat. Er kommt aus Basel. **1**
- Hast du Skype? **2**
- Ich heiße Paul und wie heißt du? **3**
- Sprechen Sie Englisch? **4**
- Wie alt bist du? **5**
- Wie heißen Sie? **6**
- Wie ist Ihre Telefonnummer? **7**
- Wo wohnst du? **8**
- Woher kommst du? **9**
- Wohnst du in Dornbirn? **10**

- 23.
- Gruber, Christine Gruber.
- *1* Hallo, Beat.
- Ich heiße Ulrike.
- Ich komme aus der Schweiz.
- Nein, in Feldkirch.
- Meine Nummer ist 0732 5626123.
- Ja, mein Skype-Name ist lukas-held76.
- Nein, ich spreche Französisch.
- In Zürich.

b Wählen Sie ein Element. Schreiben und spielen Sie einen Dialog.

26   Frau Daum   Innsbruck   Heinestraße 99
0664 4569812   Magda Zinter   m.zinter@gmx.at   B-u-c-h-m-e-i-s-t-e-r
6020   Rumänien

2 Spielen und wiederholen

DREI in einer Reihe

Spielen Sie in zwei Gruppen.
1. Legen Sie eine Münze auf ein Feld. Lösen Sie die Aufgabe.
2. Haben Sie drei Münzen in einer Reihe? Gewonnen!

Ergänzen Sie die Begrüßung.

> Herz… w…!

Buchstabieren Sie.

Krystoph Öhlert

Konjugieren Sie.

ich wohne
du …
er/sie …
Sie …

Ergänzen Sie die Begrüßung.

> Guten Tag, … Güler.

Sagen Sie die Telefonnummer.

0043 732 67531245

Ergänzen Sie.

Meine P… ist 9020. Der O… heißt Klagenfurt.

Fragen Sie.

Wie …?   Woher …?
Wo …?   Wer …?

Antworten Sie.

Wie heißen Sie?

Konjugieren Sie.

ich bin
du …
er/sie …
Sie …

Und Sie? Woher kommen Sie?

Ergänzen Sie den Satz.

Anna ist der V… und Daum der F…

Wie heißen die Länder?

Ergänzen Sie die Begrüßung.

● … Berenice
○ … Katinka.

Ergänzen Sie.

Ich komme … Wien.
Ich wohne … Linz.

Wie heißt der Text?

ichheißeulrikebruckner.
ichkommeausvillachund
wohnejetztinwien.

 Und Sie? Wo wohnen Sie?

Konjugieren Sie.

ich heiße
du …
er/sie …
Sie …

Ergänzen Sie die Verabschiedung.

> A… W…, Fr… Gruber.

> A… W…, He… Precht.

HALTESTELLE A

Wie heißt die Frage?

● …?
○ 0732 56 78 89

Zählen Sie bis 20.

13 14 15 16 17 18 19 20

Wie heißen die Fragen?

WhatsApp / du / hast / ?
Handynummer / deine / ist / wie / ?

 Und Sie? Beantworten Sie die Fragen.

Sind Sie bei Facebook?
Wie ist Ihre Handynummer?
Haben Sie Skype?

Ordnen Sie die Wörter zu.

1. Familienname   a) 0732
2. Telefonnummer b) 458366
3. Vorwahl   c) Dana
4. Vorname   d) Nowak

Konjugieren Sie.

ich spreche
du …
…

Wie heißt die Frage?

● …?
○ Ja, ich spreche Englisch.

Wie heißen die Sprachen?

Polen
Österreich   Polnisch.
Spanien
USA

Ergänzen Sie die Sätze.

Wie alt sind …?
Was … du von Beruf?
Woher kommt …?
… kommen aus Graz.

Berufe: Männer und Frauen

Verkäufer   …
…   Chefin
Lehrer   …

Ergänzen Sie den Dialog.

● Was bist du
  von Beruf?
○ Ich …

Ergänzen Sie die Ja-/Nein-Fragen.

(sein/du) … 25 Jahre alt?
(kommen/ihr) … aus Graz?
(sprechen/er) … Deutsch?

 Und Sie? Beantworten Sie die Fragen.

Kommen Sie aus der Schweiz?
Wohnen Sie in Österreich?

Ergänzen Sie die Sätze.

Die F… heißt Meyer & Sohn.
Herr Meyer ist der C…
Er arbeitet im B…

Konjugieren Sie.

ich habe
du …
…

Ergänzen Sie die Fragewörter.

… alt bist du?
… Sprachen sprichst du?

Ordnen Sie zu.

1. Österreich a) Deutsch
2. Wien   b) 25 Jahre
3. Alter   c) Land
4. Sprache   d) Ort

 **Und Sie? Ergänzen Sie den Text.**

Ich heiße … und komme …
Ich wohne …
Ich bin … alt.
Ich bin … von Beruf.

einunddreißig 31

3 Kennen Sie D-A-CH?

a Schreiben Sie die Städtenamen richtig. Ergänzen Sie die Ziffern in der Landkarte.

1. ~~LINBER~~ — Berlin
2. NERFATUKGL ....
3. CHENMÜN ....
4. NÖLK ....
5. NEWI ....
6. NERB ....
7. RICHÜZ ....
8. RANKTURFF ....
9. EBNGEZR ....
10. ZILN ....
11. TEDNIASTES ....
12. LUBGARSZ ....

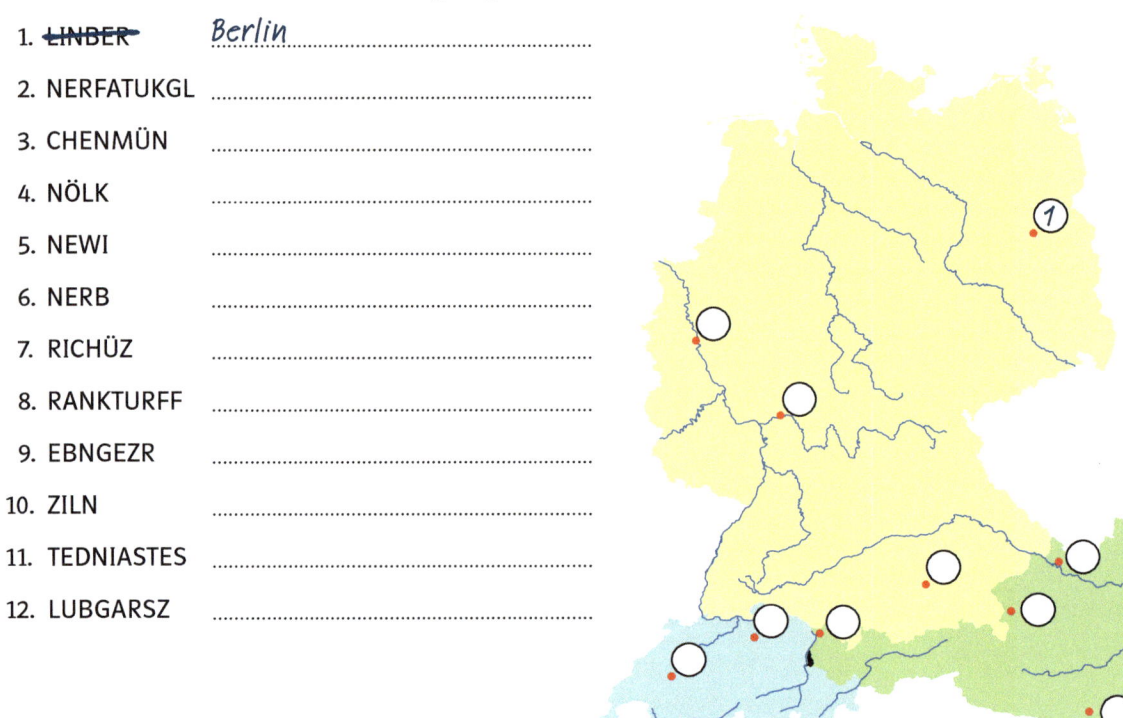

b Welche anderen Städte in D-A-CH kennen Sie? Spielen Sie: Buchstabieren und raten Sie.

I N N S — Innsbruck

🎧 1.54–56 **c** Hören Sie. Was sagt man wo? Ordnen Sie zu.

Grüezi. — Moin. — Grüß Gott. — Tschüs. — Uf Widerluege. — Servus.

d Zahlen in D-A-CH – Was passt? Ordnen Sie die Dominosteine.

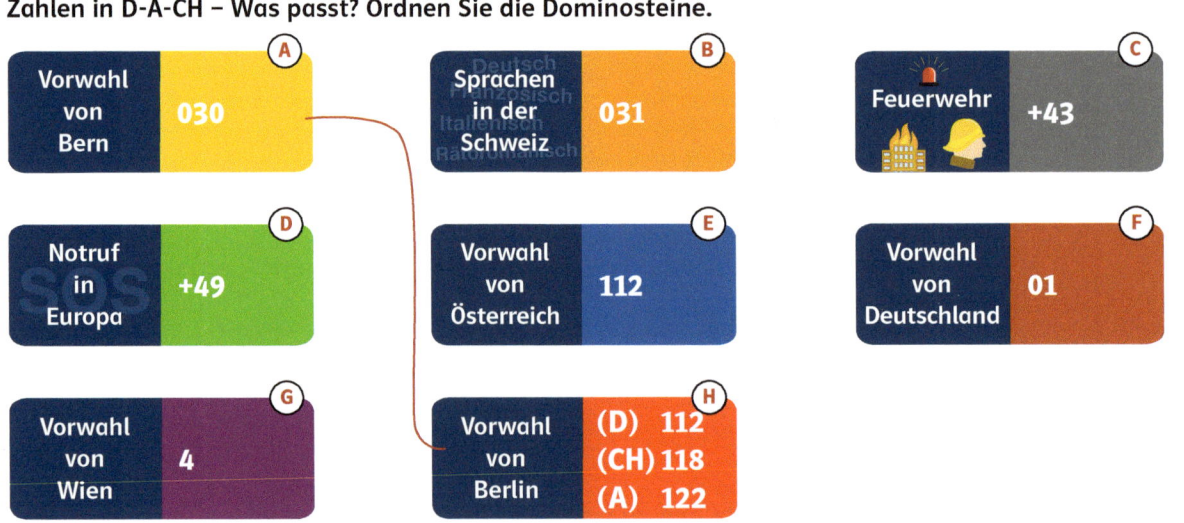

A Vorwahl von Bern — 030
B Sprachen in der Schweiz — 031
C Feuerwehr — +43
D Notruf in Europa — +49
E Vorwahl von Österreich — 112
F Vorwahl von Deutschland — 01
G Vorwahl von Wien — 4
H Vorwahl von Berlin — (D) 112 (CH) 118 (A) 122

32 zweiunddreißig

Wie heißt das auf Deutsch?

............der Bleistift	............das Heft	............die Maus
............der Kugelschreiber/der Stift	............das Handy	............die Brille
_15_ der Radiergummi	............das Deutschbuch	............die Lampe
............der Spitzer	............das Wörterbuch	............die Tasse
............der Laptop	............das Post-it	............die Schere

1 Wie heißt das auf Deutsch?

a Welche Wörter von 1–15 kennen Sie schon? Ordnen Sie zu.   ⟨ Nummer 15 ist der Radiergummi. ⟩

🎧 1.57 b Hören Sie zur Kontrolle.

🎧 1.58 c Hören Sie. Schreiben Sie die Nomen zu den Artikeln.

der .... das .... die ....

d Fragen und antworten Sie.   ⟨ Wie heißt das auf Deutsch? ⟩   ⟨ Wörterbuch, das Wörterbuch. ⟩

Lernziele
Sprechen fragen, wie etwas auf Deutsch heißt; Dinge erfragen und benennen; nachfragen, wenn etwas nicht verstanden wurde; Aufforderungen verstehen und machen | **Hören** Aufforderungen | **Schreiben** diverse Fragen | **Lesen** einfache Dialoge | **Beruf** um Hilfe bitten; nach Informationen fragen

2 Ihr Kursraum

a Sehen Sie das Foto an. Schreiben Sie die Wörter in eine Tabelle.

das Fenster • der Tisch • das Poster • die Tafel • der Sessel • die Tasche • die Lampe • der Laptop • das Tablet • die Brille • der Kugelschreiber • das Buch

der	das	die
der Tisch	das Poster	die Tafel

bestimmter Artikel (G)

maskulin	der
neutrum	das
feminin	die

b Was haben Sie im Kursraum? Ergänzen Sie Ihre Tabelle aus 2a. Das Wörterbuch hilft.

3 Wörter lernen

a Lesen Sie die Tipps und ordnen Sie die Bilder zu.

TIPP 1
Lernen Sie Wörter mit Bildern.

TIPP 2
Lernen Sie immer so: Artikel + Nomen

TIPP 3
Sprechen Sie Wörter laut.

die Zange   der Hammer

b Schreiben Sie Zettel:
Seite 1: Nomen   Seite 2: Artikel

    Poster   das

Mischen Sie die Zettel und spielen Sie.

4 Hier ist eine Brille.

a Hören Sie. Ordnen Sie die Dialoge den Fotos zu.

 ☐ A  ☐ B  ☐ C

b Hören Sie noch einmal und ergänzen Sie die Nomen.

Dialog 1
- Hier ist ein _Stift_.
  Ben, ist das dein ....?
- Nein, das ist der ....
  von Dana.
- Oh, ja, das ist mein .... Danke.

Dialog 2
- Da ist ein ....
  Dana, ist das dein ....?
- Nein, das ist das ....
  von Maria!

Dialog 3
- Wo ist meine ....?
- Hier liegt eine ....
  Ist das deine ....?
- Nein, das ist die ....
  von Eleni.

c Lesen Sie die Dialoge und ergänzen Sie die Tabelle. Ⓖ

FOKUS ein, eine – mein, meine ...

bestimmter Artikel	unbestimmter Artikel	Possessivartikel
der Stift	.... Stift	mein/dein Stift
das Handy	ein Handy	.... / .... Handy
die Brille	ein............ Brille	meine/deine Brille

d Variieren Sie die Dialoge mit diesen Nomen. Lesen Sie die Dialoge laut.

der Laptop • der Bleistift • das Heft • das Wörterbuch • die Maus • die Schere

e Fragen und antworten Sie wie im Beispiel.

- Da ist ein Handy. Ist das dein Handy?
- Nein, das ist das Handy von Ben.
- Ja, das ist mein Handy.

- Da ist ein Schirm. Ist das dein Schirm?
- Nein, das ist der Schirm von Maria.
- Oh nein, das ist nicht mein Schirm.

5 Das ist keine Katze.

a Sehen Sie die Bilder an und hören Sie. Ordnen Sie die Sprechblasen zu. (1.62)

- Das ist eine Katze. (1)
- Ist das ein Hund? (2)
- Nein, das ist keine Katze. (3)
- Ein Auto. Ach so! (4)
- Das ist ein Auto! (5)
- Nein, das ist kein Hund. (6)

Bild 1: 2, __ | Bild 2: __, __ | Bild 3: __, __

b Ergänzen Sie die Tabelle.

FOKUS ein, eine – kein, keine

	der Hund		das Auto		die Katze	
Das ist …	ein Hund	.... Hund	ein Auto	*kein* Auto	eine Katze	.... Katze

c Zeichen-Rätsel – Ergänzen Sie.

- Ist das *eine* Lampe? — Nein, das ist .... Lampe.
- Ist das .... Auto? — Nein, das ist .... Auto.
- Ist das .... Fahrrad? — Nein, das ist .... Fahrrad.
- Ist das .... Brille? — Ja, das ist .... Brille.

d Aussprache: Satzmelodie – Hören Sie und sprechen Sie nach. (1.63)

| Ist das ein Haus? ↗ | Nein, → | das ist kein Haus. ↘ | Das ist ein Auto. ↘ | Echt? ↗ |
| Ist das ein Tisch? ↗ | Nein, → | das ist kein Tisch. ↘ | Das ist eine Tafel. ↘ | Echt? ↗ |

e Machen Sie Zeichnungen wie in 5c und sprechen Sie.

- Ist das ein Handy?

6 Mein Computer ist kaputt.

a Marias Schreibtisch – Vergleichen Sie die Bilder.

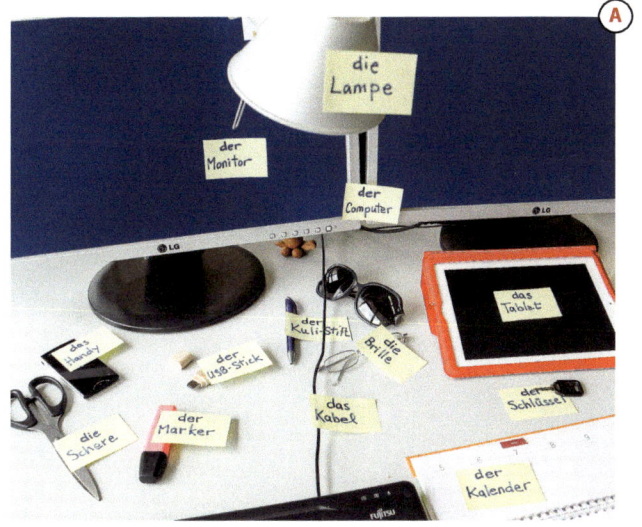

Auf Bild A ist ein Computer.

Auf Bild B ist auch ein Computer.

Auf Bild A ist keine Maus. Da ist …

Auf Bild B ist eine Maus.

b Lesen Sie die Aussagen und hören Sie die Dialoge. Was passt? Kreuzen Sie an. (1.64–66)

Dialog 1
Der Computer ⓐ funktioniert nicht.
Er ⓑ ist weg.

Dialog 2
Das Tablet ist ⓐ weg.
Es ist ⓑ nicht weg.

Dialog 3
Die Maus ist ⓐ kaputt.
Sie ist ⓑ nicht kaputt.

c Lesen Sie 6b noch einmal. Ergänzen Sie die Tabelle und die Sätze 1–3.

FOKUS   Artikel und Personalpronomen (G)

der Computer	*Er* ist kaputt.
das Tablet	.... ist weg.
die Maus	.... ist nicht weg.

1. Der Monitor funktioniert nicht. .... ist schwarz.
2. Das Tablet ist weg. Vielleicht ist .... zu Hause.
3. Die Maus ist nicht weg. .... ist doch hier.

7 Aussprache: lange und kurze Vokale

a Hören Sie und lesen Sie mit. Achten Sie auf die Markierung: _ lang oder • kurz. (1.67)

die T<u>a</u>fel – die T<u>a</u>sse • die Sch<u>e</u>re – das H<u>e</u>ft • s<u>ie</u> – die Br<u>i</u>lle • das P<u>o</u>ster – der <u>O</u>rdner • der K<u>u</u>gelschreiber – k<u>u</u>rz

b Hören Sie noch einmal. Sprechen Sie nach und zeigen Sie lang oder kurz.

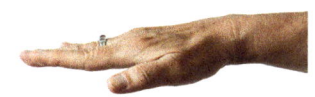 lang   kurz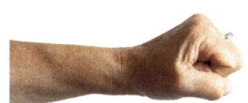

8 Bitten und Aufforderungen

a Hören Sie. Zu welchem Dialog passt das Bild? (1.68–70)

b Lesen Sie die Dialoge. Ordnen Sie die Aufforderungen 1–3 zu.

1. Buchstabieren Sie, bitte.

2. Wiederholen Sie, bitte.

3. Fragen Sie bitte Herrn Thomson.

Dialog 1
- Herr Kapp, wie ist Ihre Telefonnummer, bitte?
- 01 52 …
- Nicht so schnell!
- ....
- Natürlich, gerne: 0-1-5-2 …

Dialog 2
- Hallo, Frau Canale.
- Guten Tag, Herr Kerth. Eine Frage: Wie ist die Telefonnummer von Frau Schöller, bitte?
- Frau Schöller? Warten Sie mal … Nein, das weiß ich auch nicht.
- ....
- O.k., das mache ich.

Dialog 3
- Guten Tag, mein Name ist Carullo.
- Entschuldigung, Ka …?
- Carullo.
- Mit K oder mit C?
- ....
- Gerne, C-a-r-u-l-l-o.
- Vielen Dank.

c Ergänzen Sie die Tabelle.

FOKUS   Aufforderungen und Bitten   (G)

Verb: Position 1

Wiederholen	Sie,	bitte.
	Sie,	bitte.
	Sie	bitte Herrn Thomson.

d Sammeln Sie Aufforderungen aus den Kapiteln 1–3. Machen Sie eine Liste: Deutsch und Ihre Sprache.

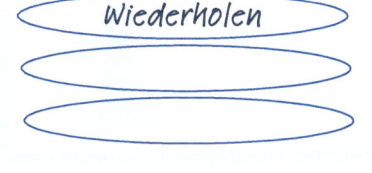

1. Sehen Sie die Bilder an. — Look at the pictures
2. Hören Sie. — Listen.
3. Lesen Sie die Dialoge.

e Freundlich sein ☺ – Formulieren Sie die Aufforderungen aus 8d mit *bitte*.

> Hören Sie, bitte.

> Lesen Sie bitte die Dialoge.

UND SIE?

Spielen Sie Aufforderungen und Bitten und reagieren Sie.

> Ich heiße Gregor.

> Buchstabieren Sie, bitte.

9 Maria braucht Hilfe.

a) Helfen Sie Maria. Wählen Sie.

Ergänzen Sie die Fragen und ordnen
Sie sie den Situationen 1–4 zu.

oder

Schreiben Sie die Fragen zu den
Situationen 1–4.

Wie ist …

Was ist der … von Termin?
Wie ist die … ?
Wie … man Mennert? Mit e oder mit ä?
Wie heißt das … ?

1. Telefonnummer / Frau Schöller?
2. auf Deutsch?
3. „Termin": der, das, die?
4. Mennert? Männert?

🎧 1.71 **b) Hören Sie den Dialog und kreuzen Sie an: richtig oder falsch?**

	R	F
1. Die Büronummer von Frau Schöller ist 0732 355467.	☐	☐
2. Der Name ist mit „ä".	☐	☐
3. Der Artikel von Termin ist „der".	☐	☐

VORHANG AUF

K3

Schreiben und spielen Sie Dialoge zu diesen Bildern.

ÜBUNGEN

1 Wie heißt das auf Deutsch?

Schreiben Sie die Wörter mit Artikel.

1) die Lampe

....

....

....

🚑 der Bleistift • der Kugelschreiber • der Radiergummi • der Spitzer • der Laptop • das Heft • das Handy • das Deutschbuch • das Wörterbuch • das Post-it • die Maus • die Brille • die Lampe • die Tasse • die Schere

2 Ihr Kursraum

Wie heißt das auf Deutsch? Schreiben Sie die Wörter mit Artikel.

STREFEN	ISCHT	RETSOP	FATEL	ESLSES	TESCHA
....	der Tisch	....	....	....	....

3 Wörter lernen

🎧 1.72   **Hören Sie zu und schreiben Sie die Wörter.**

 A

 B

 C

 D

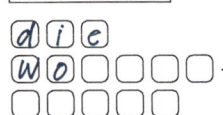

d e r
s c
☐ ☐ ☐ ☐ ☐

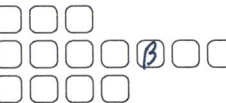

d i e
w o
☐ ☐ ☐ ☐ ☐ ☐

☐ ☐ ☐
☐ ☐ ☐ ☐ ß ☐
☐ ☐ ☐

☐ ☐ ☐
☐ ☐ ☐ ☐ ☐ ☐
☐ ☐ ☐

40   vierzig

4 Hier ist eine Brille.

a Ergänzen Sie wie im Beispiel.

ein Schirm m_ein_ Schirm d_ein_ Schirm d_er_ Schirm von Tom

ein Buch ....

....

b Ergänzen Sie die Dialoge.

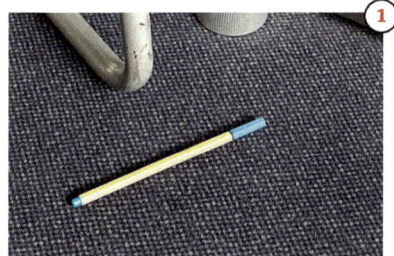  

● Hier ist _ein_ _Stift_.
Ist das _dein_ _Stift_, Dana?
○ Ja, das ist _mein_ _Stift_. Danke.

● Da ist _ein_ _Handy_. Ist das ...., Maria?
○ Nein, das ist das .... von Ben.

● Wo ist _m_ ....?
○ Hier ist e................ ....
Ist das ....?
● Ja, danke.

● Da ist .... Ist das ....?
○ Nein, das ist das .... von Ben.

● Wo ist _m_ ....?
○ Hier ist e.............. ....
Ist das ...., Eleni?
● Ja, danke.

● Hier liegt ....
Ist das d............................. ...., Pablo?
○ Ja, das ist .... Danke.

5 Das ist keine Katze.

Ergänzen Sie die Fragen und schreiben Sie die Antworten.

1. Ist das _eine_ Katze?
   Nein, das ist keine Katze, das ist ein Hund.

2. Ist das .... Auto?
   ....

3. Ist das .... Kugelschreiber?
   ....

4. Ist das .... Heft?
   ....

5. Ist das .... Buch?
   ....

6. Ist das .... Tablet?
   ....

6 Mein Computer ist kaputt.

a Schreiben Sie die Nomen mit Artikel zu den Bildern.

der USB-Stick • die Maus • das Kabel • der Monitor

b Marias Schreibtisch – Was ist da? Kreuzen Sie an und schreiben Sie wie im Beispiel.

[X] der Monitor   [ ] das Wörterbuch   [ ] das Tablet
[ ] die Schere   [ ] die Lampe   [ ] das Heft
[ ] die Maus   [ ] die Tasse
[ ] die Brille   [ ] der Kugelschreiber   [ ] der Schlüssel

Da ist ein Monitor. Da ist kein Tablet.

ÜBUNGEN 3

c Ergänzen Sie die Dialoge wie im Beispiel.

1. Funktioniert die Lampe? — Nein, _sie_ ist kaputt.
2. Wo ist mein Bleistift? — Dein Bleistift? Vielleicht ist .... zu Hause.
3. Ist dein Computer kaputt? — Nein, ... ist nicht kaputt. Aber der Monitor ist schwarz.
4. Mein Handy ist kaputt! — .... ist neu und schon kaputt?
5. Wo ist mein USB-Stick? — Dein USB-Stick? Hier ist ....!
6. Ist deine Brille neu? — Ja, ... ist neu.

d Schreiben Sie zu jedem Bild zwei Sätze.

meintabletistweg.   erfunktioniertnicht.   esistvielleichtzuhause.   dielampefunktioniertnicht.

~~meinmonitoristkaputt.~~   sieistkaputt.

Mein Monitor ist kaputt.

7 Aussprache: lange und kurze Vokale

🎵 1.73

a Hören Sie die Wörter und achten Sie auf die markierten Vokale.

Tafel • Lampe • Heft • Schere • Schlüssel • Brille • Radiergummi • Sessel • Poster

b Schreiben Sie die Wörter aus 7a mit Artikel in die Tabelle. Markieren Sie lang _ oder kurz •.

lang _	kurz •
die Tafel	

8 Bitten und Aufforderungen

a Schreiben Sie die Bitten.

1. Frau Daum / fragen / bitte / Sie /.   _1. Fragen Sie bitte Frau Daum._
2. Ihren Vornamen / buchstabieren / bitte / Sie /.
3. die Frage / wiederholen / bitte / Sie /.
4. das Wort / lesen / bitte / Sie /.
5. eine E-Mail / schreiben / bitte / Sie /.

dreiundvierzig 43

b Ordnen und schreiben Sie die Dialoge.

○ Gerne: 9-5-0-4.
○ Sie ist 9504.
● Wie ist Ihre Postleitzahl, bitte?
● Wiederholen Sie, bitte.

○ Das weiß ich nicht. Fragen Sie bitte Frau Daum.
● Wo wohnt Herr Puente?
● Das mache ich, danke.

c Ergänzen Sie die Anweisungen.

Lesen Sie den Text.

.... die Sätze.

.... den Dialog.

.... die Verben.

.... den Dialog.

.... den Text.

lesen • hören • ordnen • markieren • ergänzen • schreiben

9 Maria braucht Hilfe.

🎧 1.74 **a** Welche Reaktion passt: a oder b? Kreuzen Sie an. Hören Sie zur Kontrolle.

1. Wie ist die Telefonnummer von Herrn Binder?
   - ⓐ Hier ist sie: Mayergasse 46.
   - ⓑ Das weiß ich nicht.

2. Wie heißt das auf Deutsch?
   - ⓐ Ich buchstabiere: G-r-a-z.
   - ⓑ Wörterbuch, das Wörterbuch.

3. Wie ist der Artikel von „Katze"?
   - ⓐ Hier ist keine Katze.
   - ⓑ **Die**, es heißt **die** Katze.

4. Peter …? Entschuldigung, wie ist der Familienname? Wie schreibt man das, bitte?
   - ⓐ Müller, also M-ü-l-l-e-r.
   - ⓑ Ja, richtig, Peter.

b Schreiben Sie die Fragen zu den Antworten.

1. ● _Wie_ .... ?
   ○ „Straßenbahn" schreibt man so: S-t-r-a-ß-e-n-b-a-h-n.

2. ● .... ?
   ○ Das heißt auf Deutsch „Fahrrad".

3. ● .... ?
   ○ Die, die Brille.

c Wie, wo, wer? – Schreiben Sie Fragen zu den Bildern.

A: Berggasse?
B: Wie?
C: Wo?
D: Wer?

Wo ist die Berggasse? • Wie ist die Telefonnummer von Doris? • Wo ist meine Brille? • Wer ist das?

LEICHTER LERNEN

Wiederholen

a Sehen Sie die Grafiken an. Welche Aussage ist richtig: A oder B? Kreuzen Sie an.

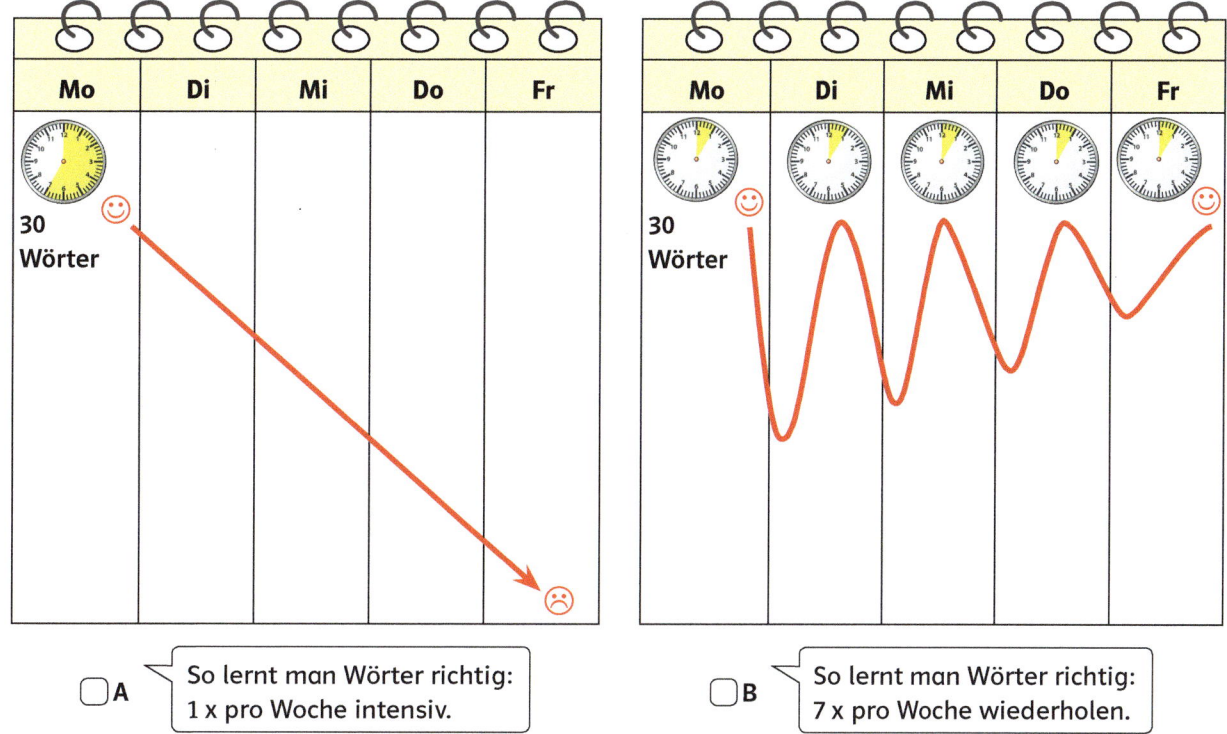

○ A So lernt man Wörter richtig: 1 x pro Woche intensiv.

○ B So lernt man Wörter richtig: 7 x pro Woche wiederholen.

b Testen Sie den Tipp. Wiederholen Sie 30 Wörter aus Kapitel 1 und 2 jeden Tag 5 Minuten. Beachten Sie auch die Tipps von den Seiten 27 und 34.

RICHTIG SCHREIBEN

a Was ist richtig? Markieren Sie.

1. Verben schreibt man groß/**klein**.   Maria **l**ernt Deutsch.
2. Nomen schreibt man groß/klein.   Die **B**rille ist weg.
3. Am Satzanfang schreibt man groß/klein.   **D**as ist kein Hund.
4. Am Satzende steht ein Punkt (.) / Komma (,).   Das ist eine Katze**.**
5. Frage: Am Ende steht ein Punkt (.) / Fragezeichen (?).   Ist das ein Fahrrad**?**

b Schreiben Sie die Texte.

1. hallomariaistdasdeinschirmjadasistmeinschirmeristneuabereristkapputerfunktioniertnicht

   Hallo Maria, ist ....

   ....

2. istdaseinekatzeneindasistkeinekatzedasisteinhund

   ....

3. wieistdietelefonnummervonfraucanaledasweißichnichtfragensiebittefraudumitru

   ....

   ....

4. wieheißtdasaufdeutschdasheißtfahrraddasistmeinfahrrad

   ....

Mein Deutsch nach Kapitel 3

Das kann ich:

Dinge benennen

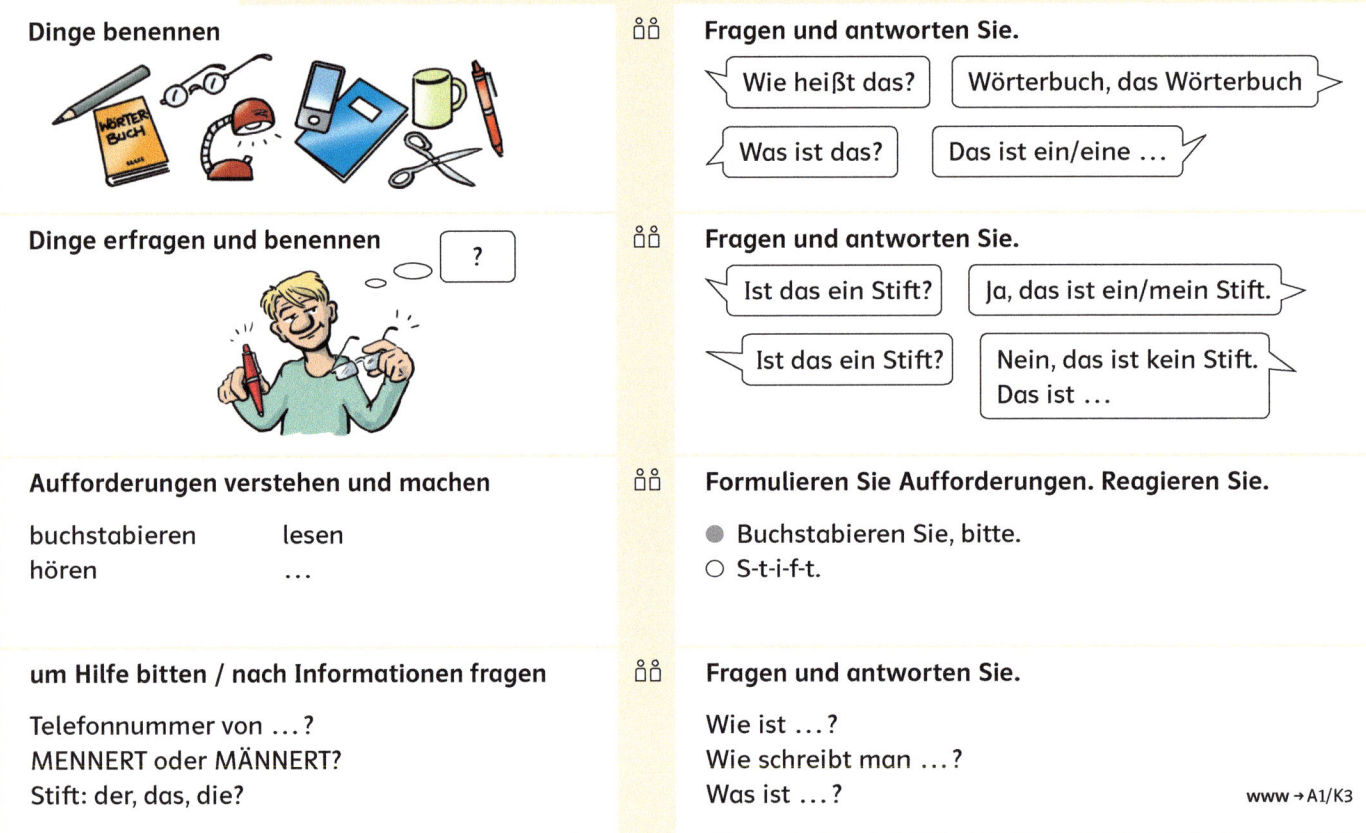

Fragen und antworten Sie.
- Wie heißt das? — Wörterbuch, das Wörterbuch
- Was ist das? — Das ist ein/eine …

Dinge erfragen und benennen

Fragen und antworten Sie.
- Ist das ein Stift? — Ja, das ist ein/mein Stift.
- Ist das ein Stift? — Nein, das ist kein Stift. Das ist …

Aufforderungen verstehen und machen

buchstabieren   lesen
hören   …

Formulieren Sie Aufforderungen. Reagieren Sie.
- ● Buchstabieren Sie, bitte.
- ○ S-t-i-f-t.

um Hilfe bitten / nach Informationen fragen

Telefonnummer von … ?
MENNERT oder MÄNNERT?
Stift: der, das, die?

Fragen und antworten Sie.
Wie ist … ?
Wie schreibt man … ?
Was ist … ?

www →A1/K3

Das kenne ich:

bestimmter Artikel

maskulin	der Stift
neutrum	das Heft
feminin	die Brille

unbestimmter Artikel / *kein* / Possessivartikel

maskulin	Das ist ein / kein / mein / dein Stift.
neutrum	Das ist ein / kein / mein / dein Heft.
feminin	Das ist eine / keine / meine / deine Brille.

unbestimmter und bestimmter Artikel

Das ist **ein** Stift.   Das ist **ein** Buch.   Das ist **eine** Brille.
↳ **Der** Stift ist neu.   ↳ **Das** Buch ist neu.   ↳ **Die** Brille ist neu.

Artikel und Personalpronomen

Der Monitor funktioniert nicht.
↳ **Er** ist kaputt.
Das Handy ist hier.
↳ **Es** ist neu.
Die Brille ist nicht hier.
↳ **Sie** ist zu Hause.

Aufforderungen: *Sie*

Verb: Position 1

| Buchstabieren | Sie, | bitte. |
| Lesen | Sie | die Dialoge. |

Einen Kaffee, bitte. 4

1 In der Cafeteria

🎧 1.75–78 **a** Hören Sie. Ordnen Sie die Dialoge den Fotos zu.

Dialog 1: _B_   Dialog 2: _____   Dialog 3: _____   Dialog 4: _____

b Speisen und Getränke – Welche Wörter kennen Sie schon? Sammeln Sie im Kurs.

c Ja, gerne! Nein, danke! – Sprechen Sie.

Lernziele
Sprechen fragen, wie es geht; jemanden vorstellen; in der Cafeteria bestellen und bezahlen; Preise nennen, verstehen und erfragen; ein Kursfest planen | **Hören** Preise | **Schreiben** eine Preisliste; eine Einkaufsliste | **Lesen** eine Speisekarte; eine Nachricht vom Kursfest | **Beruf** ein Gespräch am Arbeitsplatz verstehen

47

2 Wie geht's?

a Hören Sie. Wie geht es den Personen? Notieren Sie: ☺☺, ☺ oder 😐.

☺☺ sehr gut
☺ gut
😐 es geht

1. Sofia: 😐 Dana: ....   2. Frau Kugler: ....

b Hören Sie weiter. Was passt? Ordnen Sie zu.

1. Sofia — a) ist der Freund von Dana.
2. Dana Nowak — b) ist die Chefin.
3. Frau Kugler — c) arbeitet heute in der Cafeteria.
4. Ben Bieber — d) ist eine Kollegin von Dana.

c Lesen Sie. Markieren Sie in Dialog 1 die Formen von *arbeiten*. Ergänzen Sie die Tabelle.

Dialog 1
- ● Hallo Sofia. Wie geht's?
- ○ Hallo Dana. Danke, gut. Und wie geht's dir?
- ● Es geht. Ich arbeite heute in der Cafeteria und ich bin so müde!
- ○ Oh … Aber morgen arbeitest du nicht, oder?
- ● Nein, da habe ich frei. Ah, hallo Ben. Ben, das ist Sofia. Wir arbeiten zusammen in der Cafeteria. Sofia, das ist mein Freund Ben.
- ◐ Hallo Sofia!

Dialog 2
- ● Guten Tag, Frau Kugler. Wie geht es Ihnen?
- ○ Danke, sehr gut. Sind Sie müde, Frau Nowak?
- ● Ja, ein bisschen.
- ○ Dann machen Sie jetzt Feierabend.
- ● Danke. Hallo Ben! Frau Kugler, das ist mein Freund, Ben Bieber. Ben, das ist meine Chefin, Frau Kugler.
- ○ Guten Tag, Herr Bieber.

arbeiten

ich	arbeit*e*
du	arbeit*e*..........
er/es/sie	arbeit*et*
wir	arbeit..........
ihr	arbeit*et*
sie/Sie	arbeit..........

d Lesen Sie die Dialoge laut.

ihr sprecht / sprechen

e Ein Spiel – Schreiben Sie die Verben auf Zettel, würfeln Sie und sprechen Sie.

haben • sein • heißen • kommen • wohnen • lernen • sprechen • arbeiten

⚀ = ich   ⚁ = du   ⚂ = er/es/sie   ⚃ = wir   ⚄ = ihr   ⚅ = sie/Sie

UND SIE?

Wählen Sie.

Spielen Sie Dialoge mit *du/ihr*.

– Hallo, Karim. Hallo, Nadia, wie geht es euch?
– Danke, gut, und dir? Das ist …

oder

Spielen Sie Dialoge mit *Sie*.

– Guten Tag, Herr Stöber, wie geht es Ihnen? …

Wie geht es …?

du – Wie geht es dir?
ihr – Wie geht es euch?
Sie – Wie geht es Ihnen?

3 Wie viel kostet …?

🎧 1.83 **a** Hören Sie und ergänzen Sie die Preisliste.

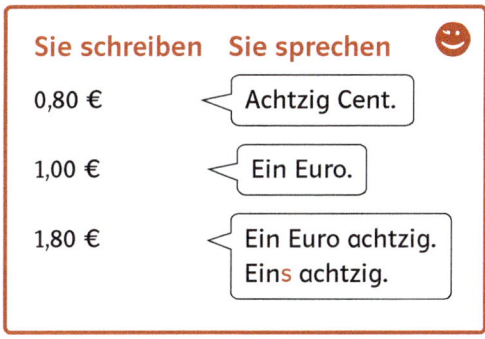

Sie schreiben	Sie sprechen
0,80 €	Achtzig Cent.
1,00 €	Ein Euro.
1,80 €	Ein Euro achtzig. Ein**s** achtzig.

🎵 1.84 **b** Aussprache: Hören Sie und markieren Sie den Wortakzent bei den Nomen: _ lang oder . kurz?

Käse – der Käse – Weckerl – das Weckerl – das Käseweckerl

Wie viel kostet das Käseweckerl? – Das Käseweckerl kostet zwei Euro.

Apfel – der Apfel – Saft – der Saft – der Apfelsaft

Wie viel kostet der Apfelsaft? – Der Apfelsaft kostet ein Euro siebzig.

Komposita (G)

der Käse + **das** Weckerl =
       das Käseweckerl

c Hören Sie noch einmal und sprechen Sie nach.

d Ihre Preisliste – Schreiben Sie Speisen, Getränke und Ihre Preise. Fragen und antworten Sie.

das Cola
das Glas Milch
der Nusskuchen
das Brezel
das Käseweckerl
die Pizzaschnitte
der Apfelsaft
die Banane

– Wie viel kostet das Cola?
– Zwei Euro.
– Wie viel kostet das Glas Milch?

4 Ich möchte ...

a Hören Sie den Dialog. Was möchten die Personen? Kreuzen Sie an. (1.85)

Frau Steiner

 ① ☐   ② ☐    ③ ☐    ④ ☐

Herr Kogler

 ① ☐    ② ☐    ③ ☐   ④ ☐

b Lesen Sie den Dialog und ergänzen Sie die Tabelle unten.

● Guten Tag, Frau Steiner. Was möchten Sie, bitte?
○ Ich möchte einen Tee.
● Und Sie, Herr Kogler? Möchten Sie auch einen Tee?
◐ Nein, keinen Tee. Lieber ein Wasser, bitte.
○ Und ich möchte eine Banane, bitte.
◐ Ich möchte ein Weckerl.
● Ein Schinkenweckerl oder ein Käseweckerl?
◐ Ein Käseweckerl, bitte.
● Ja, gerne. Das macht dann fünf Euro siebzig.

möchten (G)

ich	möchte
du	möcht**est**
er/es/sie	möchte
wir	möchte**n**
ihr	möchte**t**
sie/Sie	möchte**n**

(G)

FOKUS Akkusativ

	maskulin	neutrum	feminin
Nominativ Das ist ...	ein/kein Tee.	ein/kein Wasser.	eine/keine Banane.
Akkusativ Ich möchte ...	ein......... / kein............ Tee.	.... / .... Wasser.	.... / .... Banane.

c Ergänzen Sie und lesen Sie dann den Dialog laut.

● Was möchten Sie, bitte?

○ Ich möchte _einen_ Tee. Und du? Möchtest du .... Kaffee?

◐ Nein, k........................ Kaffee. .... Wasser, bitte.

○ Ich möchte auch Kuchen.

● .... Apfelkuchen oder .... Nusskuchen?

○ .... Nusskuchen, bitte.

● Ja, gerne.

◐ Und ich möchte .... Pizza.

d Sprechen Sie.

der Tee • der Kaffee • das Wasser • das Cola • der Apfelsaft • der Apfelkuchen • der Nusskuchen • das Käseweckerl • das Schinkenweckerl • das Brezel • die Pizza • der Apfel • die Banane • die Kiwi

⟨ Ich möchte einen Tee, und du? ⟩   ⟨ Ich möchte einen Apfelsaft, und du? ⟩

5 Aussprache: e und ö

a Sprechen Sie „e" und machen Sie den Mund rund: „ö".

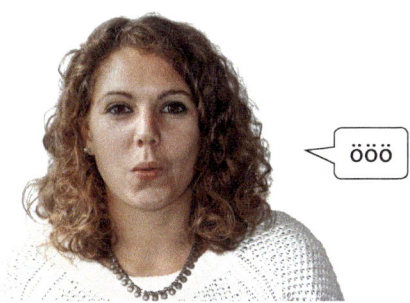

b Sprechen Sie.

e-ö e-ö e-ö e-ö
sehr schön sehr schön
sehr schön sehr schön

🎵 1.86 **c** Hören Sie und sprechen Sie nach.

Tee, sechzehn, Brezel, sehr, gerne
möchte, zwölf, schön
Sechzehn Brezeln, bitte! • Sehr gerne.
Möchtest du Weckerln? • Ich möchte zwölf Weckerln.

6 Dialoge in der Cafeteria

Hören Sie und kreuzen Sie an: ⓐ, ⓑ oder ⓒ?

🎧 1.87   1. Wie geht es Frau Steiner?

 ⓐ Es geht.    ⓑ Gut.    ⓒ Sehr gut.

🎧 1.88   2. Was möchte Jan?

 ⓐ Einen Apfel.    ⓑ Eine Banane.    ⓒ Einen Kuchen.

🎧 1.89   3. Was kostet ein Käseweckerl?

ⓐ 2,00 €.   ⓑ 2,20 €.   ⓒ 2,80 €.

UND SIE?

Schreiben und spielen Sie Dialoge in der Cafeteria. Wählen Sie.

Arbeiten Sie zu zweit. ⬌ oder **Arbeiten Sie zu dritt.**

Guten Tag. Was möchten Sie, bitte?

Ich möchte …

Möchten Sie auch …?

Nein, kein …
Lieber ein …

Das macht dann …

Ja, gerne.

7 Ein Kursfest vorbereiten

a Was haben Dana und Sofia noch nicht? Markieren Sie auf der Liste und sprechen Sie.

<mark>Pizzaschnitten</mark>   <mark>Wasser</mark>
Brote   Saft
Weckerl   Tee
Brezeln   Kaffee
Kuchen   Milch
Äpfel   Zucker
Bananen   Gläser
Tassen   Sessel

> Sie haben noch kein Wasser, keine …

🎧 1.90 **b** Hören Sie zur Kontrolle.

🎧 1.91 **c** Wie viele …? Hören Sie und ergänzen Sie die Zahlen.

..2.. Brote • …… Weckerl • …… Brezeln • …… Äpfel • …… Bananen • …… Gläser • …… Tassen • …… Sessel

d Ergänzen Sie die Tabelle und markieren Sie: Was ist im Plural anders?

FOKUS Singular und Plural (G)

Singular	Plural
das Brot	die Brot_e_
das Weckerl	die Weckerl
die Banane	die Banane……
der Apfel	die ……pfel
der Sessel	die Sessel
das Glas	die Gl…s……
die Pizzaschnitte	die Pizzaschnitte……

Lernen Sie Nomen immer mit Artikel und Plural. 😊

das Brot, die Brote

e Arbeiten Sie mit dem Wörterbuch. Notieren Sie zehn Nomen aus den Kapiteln 1–4 auf Zettel. Ergänzen Sie Artikel und Plural auf der Rückseite. Tauschen Sie Ihre Zettel. Spielen Sie.

Brille   > Brille   die Brille – die Brillen >

UND SIE?

Was brauchen Sie für Ihr Kursfest? Schreiben Sie eine Liste.
Vergleichen Sie dann mit einer anderen Gruppe.

8 Das Kursfest

a Eleni fragt. Welche Antworten passen? Ordnen Sie zu.

1. ● Haben wir Pizzaschnitten?
2. ● Und wo sind die Kuchen?
3. ● Hallo Ben. Wo sind deine Kuchen?

a) ○ Die Kuchen hat Ben. Er kommt sofort.
b) ○ Nein, wir haben Brezeln.
c) ◐ Hier sind meine Kuchen. Ein Apfelkuchen und ein Nusskuchen.

Artikel im Plural

Singular	Plural
der, das, die	die
ein, eine	—
mein, meine	meine
kein, keine	keine

Plural: Die Artikel sind im Nominativ und Akkusativ gleich.

 1.92

b Hören Sie zur Kontrolle und lesen Sie den Dialog zu dritt.

c Lesen Sie die Nachricht. Wo ist Pablo?

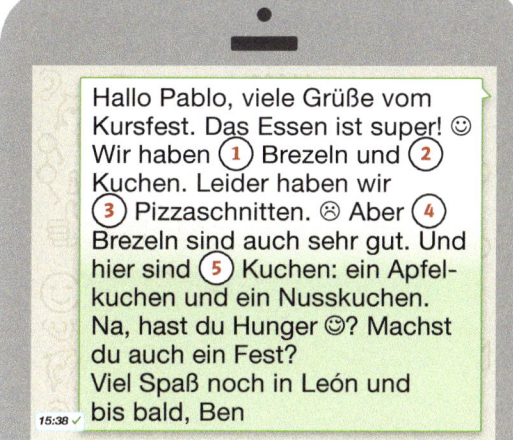

Hallo Pablo, viele Grüße vom Kursfest. Das Essen ist super! ☺ Wir haben ① Brezeln und ② Kuchen. Leider haben wir ③ Pizzaschnitten. ☹ Aber ④ Brezeln sind auch sehr gut. Und hier sind ⑤ Kuchen: ein Apfelkuchen und ein Nusskuchen. Na, hast du Hunger ☺? Machst du auch ein Fest? Viel Spaß noch in León und bis bald, Ben
15:38

d Lesen Sie noch einmal. Welcher Artikel passt wo? Kreuzen Sie an.

1. ⓐ die ⓑ̶ —
2. ⓐ — ⓑ keine
3. ⓐ keine ⓑ meine
4. ⓐ — ⓑ die
5. ⓐ meine ⓑ keine

e Schreiben Sie auch eine Nachricht wie in 8c. Ihre Liste aus 7 hilft.

Hallo ...,
viele Grüße vom Kursfest. Das Essen ist ...
Wir haben ... Leider haben wir ...

VORHANG AUF

K4

Spielen Sie einen Dialog zu einer Zeichnung. Die anderen raten: Zu welcher Zeichnung passt Ihr Dialog?

ÜBUNGEN

1 In der Cafeteria

a Was passt zusammen? Ordnen Sie zu.

1. Hallo, wie geht's?
2. Ist hier frei?
3. Zahlen, bitte!
4. Mmm … der Kuchen schmeckt gut!
5. Hallo Dana. Ich möchte ein Wasser und ein Cola, bitte.

a) Ja, er ist super!
b) Das macht dann 9 Euro 50, bitte.
c) Ja, klar.
d) Gerne!
e) Danke, sehr gut!

b Speisen und Getränke – Schreiben Sie die Wörter.

1 die Pizza ....

....

....

....

2 Wie geht's?

a Was passt? Unterstreichen Sie.

1. ● Hallo Ben. Wie geht es Ihnen/<u>dir</u>?
   ○ Guten Tag, Sofia. Danke, gut. Und wie geht es Ihnen/dir?

2. ● Guten Tag, Frau Steiner. Wie geht es dir/Ihnen?
   ○ Es geht. Und Ihnen/dir, Herr Kogler?

3. ● Hallo Eleni. Hallo Pablo! Wie geht es dir/euch?
   ○ Hallo Dana. Hallo Ben! Super, und Ihnen/euch?

b Ergänzen Sie die Dialoge.

1. ● Guten Tag, Fr___ Daum, w___ geht e__ Ihnen?
   ○ Dan___, sehr gu__, und Ihn___?
   ● Au___ gut , dan___.

2. ● Guten Tag, Pablo! Wie ge___ es di__?
   ○ Gut, u___ dir ?
   ● Se___ gut .

3. ● Hallo Oliver. Hal___ Eleni! W___ geht e__ euch?
   ○ Hallo Jan. Hal___ Karin. Es ge___. Und wie ge___ es eu___?
   ● G___, danke.

ÜBUNGEN 4

c Ergänzen Sie die Verben in der richtigen Form.

● Hallo Ben, wie geht's?

○ Hallo Oliver. Danke, gut. Und wie (1) _geht_ es dir?

● Es (2) .... Ich (3) .... müde, ich (4) .... schon sehr lang in der Cafeteria!

○ Oh … (5) .... du morgen auch?

● Nein, da (6) .... ich frei. Und du und Dana, (7) .... ihr morgen?

○ Nein, wir (8) .... auch frei.

● Ah, das (9) .... gut!

arbeitet • geht • habe • arbeite • bin • haben • arbeitest • ist • geht

3 Wie viel kostet …?

a Schreiben Sie die Zahlen.

1. 21 _einundzwanzig_   2. 33 ....   3. 47 ....

4. 55 ....   5. 80 ....   6. 99 ....

🎧 1.93 **b** Wie viel kostet das? Hören Sie und kreuzen Sie an.

der Apfelsaft	das Wasser	das Cola	das Weckerl	die Pizza

ⓐ 0,80 €	ⓐ 1,90 €	ⓐ 3,00 €	ⓐ 2,20 €	ⓐ 1,60 €
☒ 1,80 €	ⓑ 0,90 €	ⓑ 2,00 €	ⓑ 1,80 €	ⓑ 6,70 €
ⓒ 1,18 €	ⓒ 1,99 €	ⓒ 2,10 €	ⓒ 2,00 €	ⓒ 7,60 €

🎧 1.94 **c** Hören Sie und notieren Sie die Preise.

das Cola	_2,10 €_	der Tee	....	das Brezel	....
das Wasser	....	die Pizza	....	der Kuchen	....
der Kaffee	....	das Weckerl	....	die Banane	....

d Komposita – Ergänzen Sie die Artikel.

1. _der_ Käse   + _das_ Weckerl = _das_ Käseweckerl
2. ..... Apfel   + ... Saft   = ... Apfelsaft
3. ..... Apfel   + ... Kuchen   = ... Apfelkuchen
4. ..... Schinken + ... Weckerl = ... Schinkenweckerl
5. ..... Telefon + ... Nummer   = ... Telefonnummer
6. ..... Handy   + ... Nummer   = ... Handynummer
7. ..... Sprache + ... Kurs   = ... Sprachkurs

fünfundfünfzig 55

4 Ich möchte ...

a In der Cafeteria – Was sagt die Verkäuferin? Was sagt der Gast?

~~Guten Tag. Was möchten Sie, bitte?~~

    Ich möchte einen Tee.

Wie viel kostet das?

    Das kostet ein Euro sechzig.

Haben Sie auch Kuchen?

    Heute leider nicht.

Verkäuferin   Gast

• Guten Tag. Was möchten Sie, bitte?

....

....

....

b Ergänzen Sie die Personalpronomen.

Möchtest _du_ einen Kaffee?   Nein, danke, ... möchte lieber ein Wasser.

Möchtet .... Pizza?   Ja, gerne, und .... möchten bitte auch zwei Cola.

c Ergänzen Sie die Verbformen.

1. Was möcht _est_ du?

2. Ich möcht............ ein Wasser, bitte.

3. Möcht............ ihr Kaffee oder Tee?

4. Wir möcht............ Kaffee, bitte. Und Eva möcht............ einen Kuchen und ich ein Brezel, bitte.

5. Möcht............ Anna und Lisa Cola?

d Wer möchte was? Schreiben Sie.

1. Dana: Tee, Apfelkuchen   _Dana möchte einen Tee und einen Apfelkuchen._

2. Eleni und Pablo: Kiwi, Kaffee, Cola

3. Frau Steiner: Tee, Banane

4. Herr Kogler: Wasser, Käseweckerl

5 Aussprache: lange und kurze Vokale

🎵 1.95   **Hören Sie den Dialog und ergänzen Sie. Markieren Sie: _ lang oder • kurz.**

● G_u_ten T_a_g. H__ben S___ _A_pfelk__chen?

○ J__, m__chten S___ auch K__ff____?

● Nein, d__nk__, __ch m__cht__ l____ber C__l__.

○ D__s k__st__t drei Eur__ f__nfz__g.

6 Dialoge in der Cafeteria

a Welche Antwort passt? Kreuzen Sie an.

1. Hallo Frau Steiner! Wie geht es Ihnen?
   - [a] Gut, danke!
   - [b] Nein, danke!

2. Hallo Dana! Habt ihr heute keinen Kuchen?
   - [a] Der Kuchen ist sehr gut.
   - [b] Nein, der Kuchen ist heute leider schon weg.

3. Wie viel kostet eine Banane?
   - [a] Hier, bitte.
   - [b] 90 Cent, bitte.

4. Guten Tag, was möchten Sie, bitte?
   - [a] Ein Cola und ein Schinkenweckerl.
   - [b] Lieber ein Käseweckerl, bitte.

b Schreiben Sie die Fragen.

1. *Wie geht es Ihnen* ? Danke, es geht.
2. ....? Ich möchte ein Brezel, bitte.
3. ....? Nein, lieber einen Kuchen, bitte.
4. ....? Nein, die Käseweckerl sind schon weg.
5. ....? Ein Euro sechzig.

Was möchten Sie, bitte? • Was kostet der Tee? • Wie geht es Ihnen? • Möchten Sie auch ein Brezel? • Haben Sie Käseweckerl?

c Ordnen Sie den Dialog. Hören Sie zur Kontrolle und schreiben Sie.

- 5 — Gut, dann ein Käseweckerl und ein Wasser, bitte.
- 3 — Zwei Euro zwanzig? So viel?
- 1 — Ich möchte gerne ein Käseweckerl. Wie viel kostet das, bitte?
- 4 — Entschuldigung. Zwei Euro zwanzig kostet das Schinkenweckerl, das Käseweckerl kostet zwei Euro.
- 6 — Drei Euro fünfzig, bitte.
- 2 — Ein Weckerl … zwei Euro zwanzig.

● *Ich möchte gerne ein Käseweckerl. Wie viel kostet das, bitte?*

7 Ein Kursfest vorbereiten

a Wie viele ... sind noch da? Zählen Sie und schreiben Sie.

1) drei Kiwis
2)

b Schreiben Sie den Plural zu den Nomen. Das Wörterbuch hilft.

die Tasse	die Tassen	das Heft		der Laptop	
der Bleistift		die Schere		das Handy	
der Stift		der Kalender		der Schlüssel	
das Buch		der Tisch		die Tasche	

8 Das Kursfest

a Pablos Antwort. Ergänzen Sie die Artikel im Plural.

Die — keine — Deine — ~~meine~~ — Meine

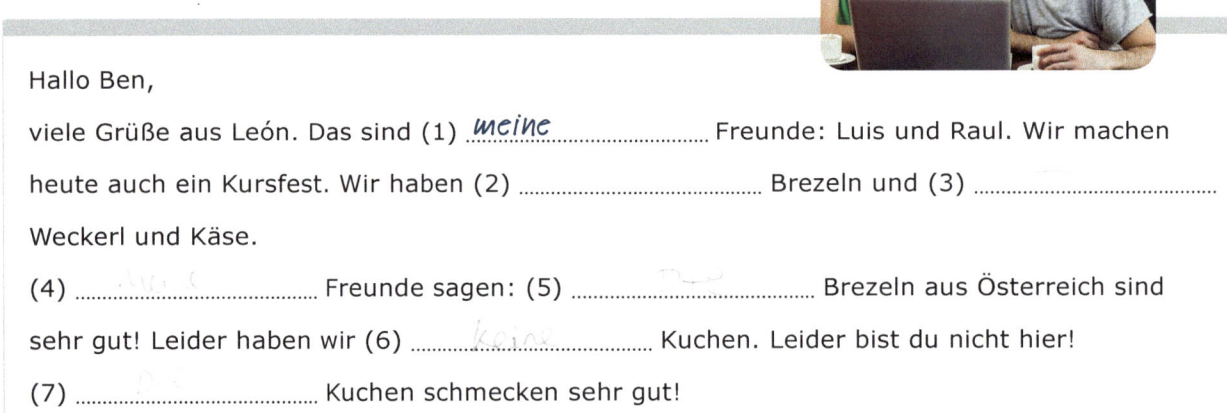

Hallo Ben,

viele Grüße aus León. Das sind (1) meine Freunde: Luis und Raul. Wir machen heute auch ein Kursfest. Wir haben (2) .... Brezeln und (3) .... Weckerl und Käse.

(4) .... Freunde sagen: (5) .... Brezeln aus Österreich sind sehr gut! Leider haben wir (6) keine Kuchen. Leider bist du nicht hier!

(7) .... Kuchen schmecken sehr gut!

Bis bald, Pablo

b Schreiben Sie die Sätze im Plural.

1. Die Pizzaschnitte ist heute nicht gut.   1. Die Pizzaschnitten sind heute nicht gut.
2. Ich möchte keinen Apfel, ich möchte eine Banane.
3. Die Banane schmeckt gut.
4. Wir brauchen noch einen Sessel.
5. Der Sessel ist in der Cafeteria.
6. Dein Freund ist sehr nett.

ÜBUNGEN 4

c Schreiben Sie fünf Sätze.

Deine Freunde sind nett.
Wir brauchen Weckerl.

LEICHTER LERNEN

Mit Bildern lernen

a Machen Sie Lernkarten mit Bildern.

das Auto, die Autos
Ich habe kein Auto.

das Haus, die Häuser

b Spielen Sie. Sagen Sie das Wort mit Plural. Richtig? Dann bekommen Sie die Karte.

das Auto, die Autos

Okay, du bekommst die Karte!

➔ RICHTIG SCHREIBEN

🎧 1.97   **Lange Vokale** – Hören Sie. Schreiben Sie *e* oder *h*.

Wi**e** ge__t es I__nen?

Arbeitet i__r morgen?

Möchten Si__ Te__?

Wir möchten li__ber Kaffe__.

Das Brezel ist se__r gut.

Ze__n Kiwis.

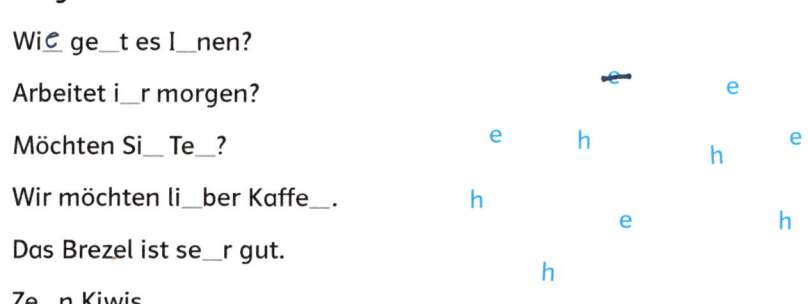

neunundfünfzig 59

Mein Deutsch nach Kapitel 4

Das kann ich:

fragen, wie es geht

👥 Spielen Sie.

Tom ☺ und Mara ☹
Herr Kogler ☺ und Frau Steiner ☺ ☺

jemanden vorstellen

👥 Ergänzen Sie. Spielen Sie: Stellen Sie eine Person vor und reagieren Sie.

● Guten …, Frau Seidel. Das … Herr Lu. Er … jetzt auch hier.
○ Guten Tag, Herr Lu.

Preise nennen und verstehen

● Wie viel kostet ein Tee, bitte?
○ Ein Euro sechzig.

👥 Fragen und antworten Sie.

● Kaffee? ○ 1,80 €   ● Pizzaschnitte ○ 2,40 €
● Cola?   ○ 2,00 €   ● Käseweckerl   ○ 2,00 €

etwas bestellen

> Was möchten Sie?

> Einen Kaffee und ein Brezel, bitte.

👥 Spielen Sie Dialoge.

● …?   ○ Wasser, Pizzaschnitte
● …?   ○ Tee, Nusskuchen
● …?   ○ Cola, Apfel

ein Kursfest planen

👥 Was brauchen Sie für Ihr Kursfest? Schreiben Sie eine Liste.

www →A1/K4

Das kenne ich:

Personalpronomen und Konjugation

	möchten	arbeiten
ich	möchte	arbeite
du	möchtest	arbeitest
er/es/sie	möchte	arbeitet
wir	möchten	arbeiten
ihr	möchtet	arbeitet
Sie/sie	möchten	arbeiten

unbestimmter Artikel und Nomen: Nominativ Singular

	maskulin (der)	neutrum (das)	feminin (die)
Das ist	ein/kein Tee.	ein/kein Wasser.	eine/keine Banane.

unbestimmter Artikel und Nomen: Akkusativ Singular

	maskulin	neutrum	feminin
Ich möchte	einen/keinen Tee.	ein/kein Wasser.	eine/keine Banane.

Artikel im Singular und Plural

| Singular | der, das, die | ein, eine | kein, keine | mein, meine | dein, deine |
| Plural | die | — | keine | meine | deine |

Nomen: Plural

¨ / –
der Apfel / die Äpfel
der Kuchen / die Kuchen

-e / ¨e
der Tisch / die Tische
der Gast / die Gäste

-n / -en
die Banane / die Bananen
der Student / die Studenten

-er / ¨er
das Bild / die Bilder
das Buch / die Bücher

-s
das Handy / die Handys

HALTESTELLE

1 Berufe

a Wie heißen die Berufe? Schreiben Sie die Berufe zu den Fotos.

~~Be~~ ~~nung~~ In fah ~~die~~ ge re nieur rin Leh Bus rer

Verkäuferin

🎧 1.98 **b** Hören Sie. Welcher Dialog 1–4 passt zu welchem Foto A–D?

c Kaffeeflecken – Ergänzen Sie die fehlenden Wörter.

Kamila ist 24 Jahre ⬛ und ⬛ aus Syrien. Sie lernt Deutsch und ⬛ als Krankenschwester. Sie ⬛ Arabisch und Englisch. Sie arbeitet viel.

Renato ⬛ 32 Jahre. Er spricht Portugiesisch und Italienisch. Er ⬛ Deutsch mit Kamila und Danuta. Er ⬛ als Busfahrer.

Danuta ist 25 ⬛ alt und spricht schon gut Deutsch. Sie ⬛ aus Litauen. In Litauen ist sie Lehrerin. Hier in Österreich arbeitet sie ⬛ Verkäuferin.

Kamila ist 24 Jahre alt ...

2 Spielen und wiederholen

a Wählen Sie ein Thema und schreiben Sie fünf bis zehn Wörter mit Artikel auf einen Zettel.

Deutschkurs
der Stift, …

Cafeteria
der Kaffee, …

Das bin ich.
der Name, …

b Artikelgymnastik – Alle stehen. Lesen Sie die Wörter aus 2a ohne Artikel laut. *Der*, *das* oder *die*? Der Kurs reagiert wie in den Bildern.

Stift

Heft

Cafeteria

c Artikel-Plural-Spiel – Spielen Sie in zwei Gruppen. Gruppe A und B notieren je zehn Wörter mit Artikel und Plural. Dann sagt A ein Wort und B wiederholt das Wort mit Artikel und Plural.

das Weckerl – die Weckerl
der Sessel – die Sessel
das Glas – die …
…

das Heft – die Hefte
die Lampe – die Lampen
der Stift – …
…

Gruppe A: Weckerl?

Gruppe B: das Weckerl – die Weckerl

d Was ist es? – Verstecken Sie einen Gegenstand unter einem Tuch. Die anderen fühlen den Gegenstand und raten.

Das ist ein Kugelschreiber.

Nein, das ist kein Kugelschreiber. Das ist ein Bleistift.

e Buchstabensalat – Ein Kursteilnehmer / Eine Kursteilnehmerin schreibt ein Wort als Buchstabensalat an die Tafel. Wer das Wort findet, schreibt das nächste Wort an die Tafel.

die Cafeteria!

F I E C A T A E R T A

HALTESTELLE B

f Einkaufsspiel – Spielen Sie Verkaufsdialoge. Tauschen Sie die Rollen.

- Was möchten Sie, bitte?   ○ Ich möchte einen USB-Stick.
- Hier, bitte.   ○ Was kostet der USB-Stick?
- 8 Euro 75.

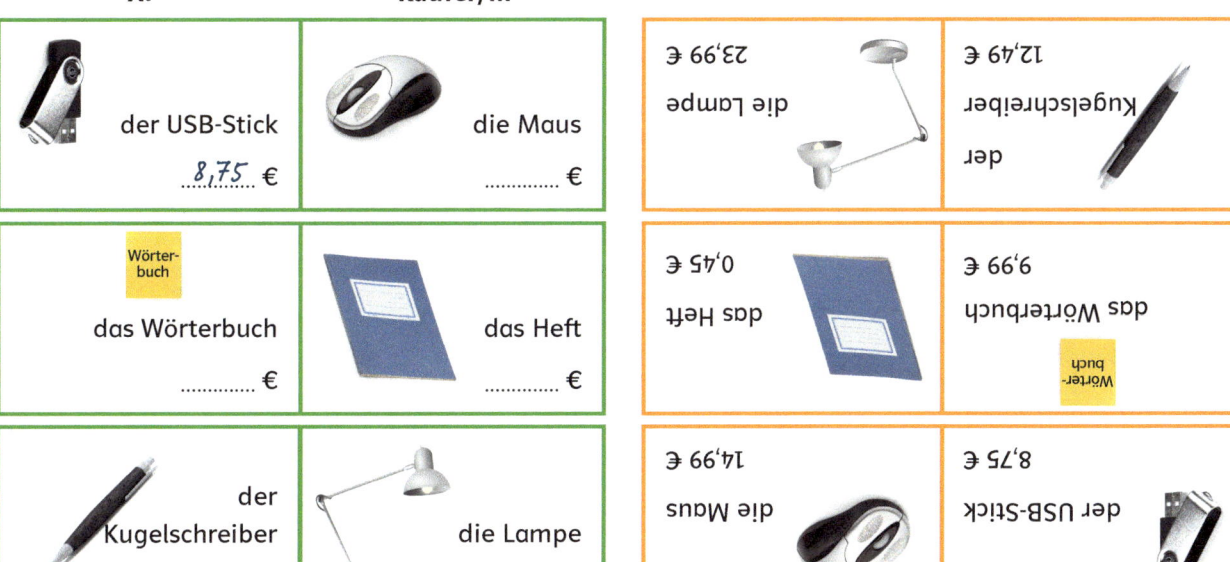

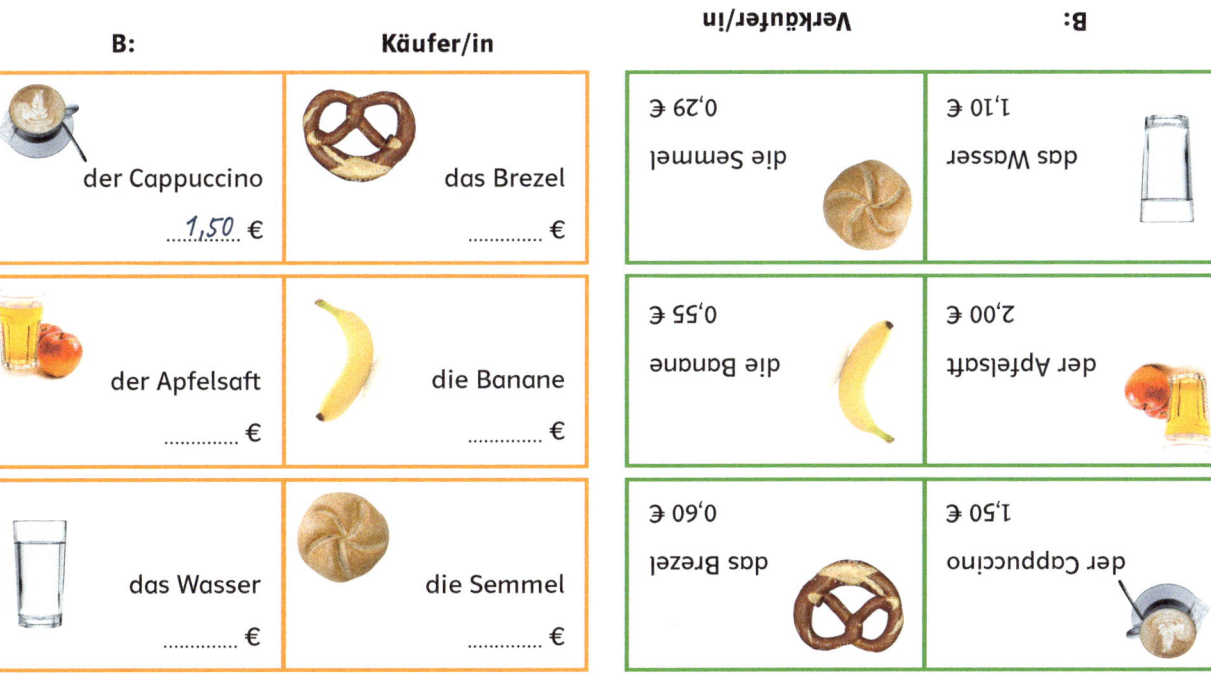

g Schreibdialog – Wählen Sie ein Thema. A schreibt eine Dialogzeile und gibt das Blatt B. B schreibt eine Reaktion und gibt das Blatt A usw.

Hallo, Marco.
Hallo, Nelli.
Wie geht's?
Danke gut. Wie geht's dir?
Auch gut. Möchtest du einen Kaffee?
…

begrüßen essen
Sprache Herkunft
Alter Deutschkurs
Deutsch vorstellen
Telefon Nationalität
E-Mail Wohnort
trinken Beruf

dreiundsechzig **63**

3 Kennen Sie D-A-CH?

Spielen Sie. Würfeln Sie eine Zahl und gehen Sie auf die Position. Lesen Sie. Es gibt drei Möglichkeiten:

● **Wie heißt das auf Deutsch?**
Sagen Sie das Wort mit Artikel.

● **Landeskunde D-A-CH**
Lesen Sie die Informationen.

● **Sprechen Sie!**

START

1

2 Wie geht es Ihnen heute? Fragen und antworten Sie.

3
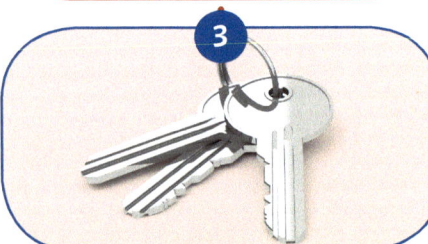

4 Sie machen eine Pause. Lesen Sie die Informationen.
der Radler (A)
das Radler (Süd-D)
das Alsterwasser (Nord-D)
das Panaché (CH)

5

6 Wie heißen Sie?

Buchstabieren Sie Ihren Namen.

7 Sie machen eine Pause. Lesen Sie die Informationen.
das Rad (A und Süd-D)
das Fahrrad
das Velo (CH)

8

9 Woher kommen Sie? Fragen und antworten Sie.

10

11

12 Sie machen eine Pause. Lesen Sie die Informationen.
die Semmel (A, Süd-D)
das Brötchen
die Schrippe (Berlin)
der Weck (Süd-D)
das Weggli (CH)

13 Was möchten Sie?

14

15

16 Sie machen eine Pause. Lesen Sie die Informationen.
das Kracherl (A)
die Limonade (Nord-D)
die Brause (Ost-D)
der süße Sprudel (Süd-D)
das Zitro (CH)

17

18 Sie möchten Kuchen. Fragen und antworten Sie.
2,50 €

ZIEL

Was machst du heute? 5

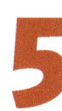

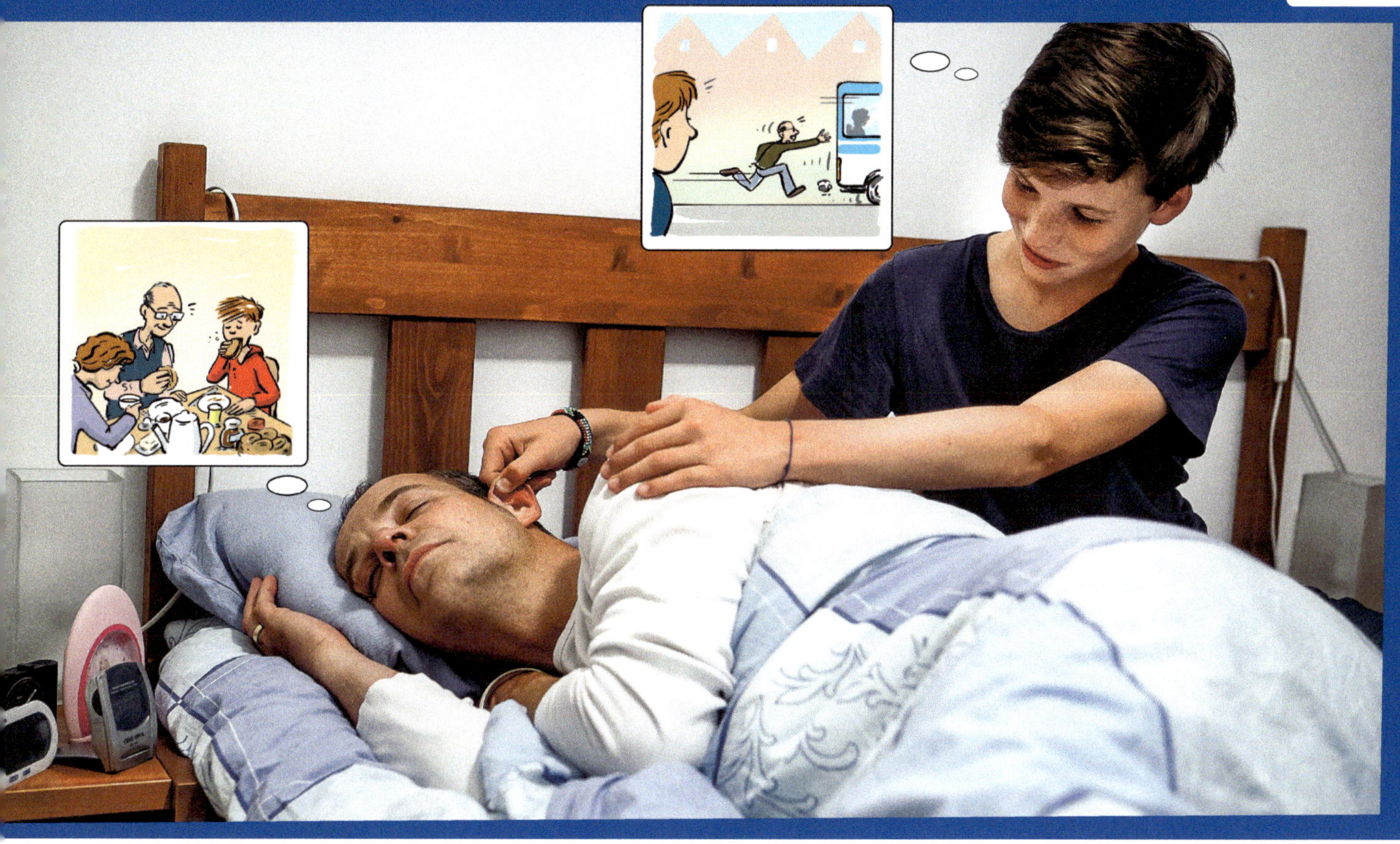

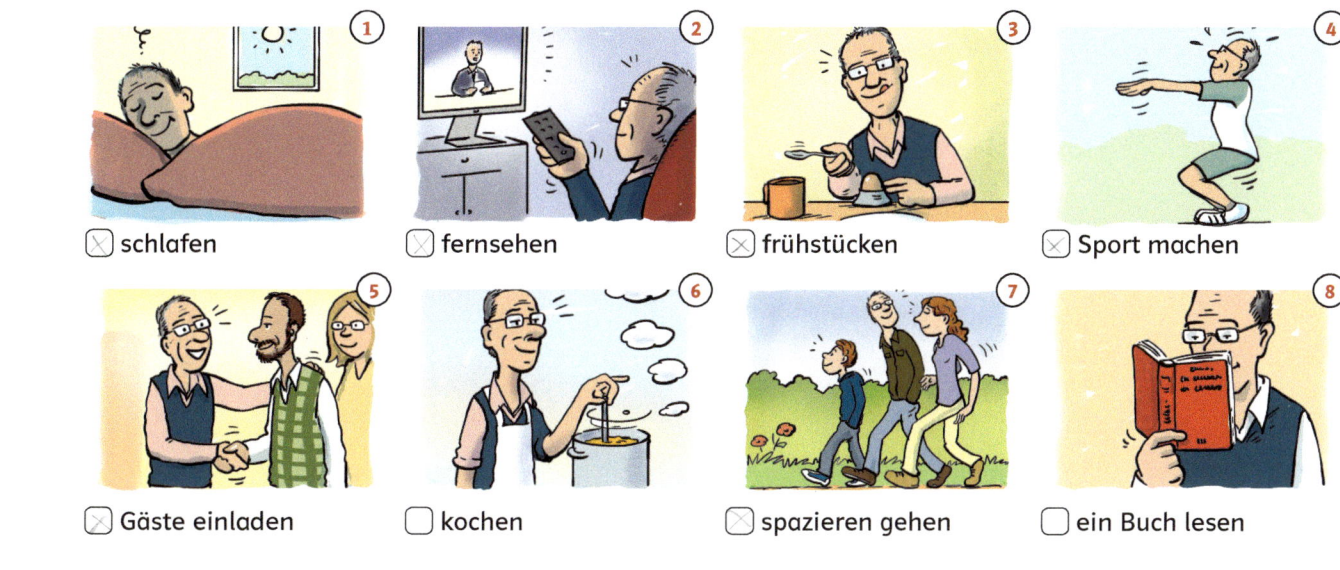

1 Der Langschläfer

2.01 **a Hören Sie. Was träumt Markus? Kreuzen Sie an.**

1 [x] schlafen

2 [x] fernsehen

3 [x] frühstücken

4 [x] Sport machen

5 [x] Gäste einladen

6 [ ] kochen

7 [x] spazieren gehen

8 [ ] ein Buch lesen

2.02 **b Hören Sie weiter. Wer sagt das: Selma, Markus oder Dennis? Schreiben Sie die Namen zu den Sprechblasen.**

Selma .... < Markus, aufwachen!
Selma .... < Der Kaffee ist fertig.
Dennis .... < Papa schläft.
Selma .... < Heute ist nicht Sonntag.
Markus .... < Was ist los?

Lernziele

Sprechen Uhrzeit und Wochentag erfragen; über Aktivitäten im Tagesablauf sprechen; nach Abfahrtszeiten fragen | **Hören** Dialoge über Freizeitaktivitäten | **Schreiben** einen Tagesablauf; eine Antwort auf eine Einladung | **Lesen** einen Fahrplan; einen Terminkalender; eine Einladung | **Beruf** Vorgesetzten über Verspätung informieren

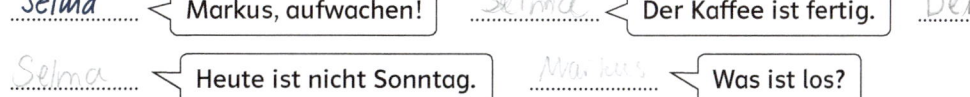

2 Der Bus

🎧 2.03 **a** Hören Sie. Was passiert?

☐ Der Bus kommt.   ☒ Der Bus ist weg.

b Uhrzeit offiziell – Lesen Sie den Fahrplan. Fragen und antworten Sie.

FAHRPLAN

Bus Nr. ③	Bus Nr. ⑪	Bus Nr. ⑮	Bus Nr. ⑥	Bus Nr. ⑭	Bus Nr. ⑯
07:00	06:53	07:02	07:30	08:13	07:38
07:15	07:13	07:20	07:45	08:33	07:50
…	…	…	…	…	…

◁ Wann fährt der Bus Nummer 16?
▷ Er fährt um 7 Uhr 38 und um …

Uhrzeit offiziell:
Sie schreiben: 07:20
Sie sprechen: 7 Uhr 20

🎧 2.04 **c** Hören Sie und ordnen Sie den Dialog.

- ○ 2 Halb acht.
- ○ 4 Es ist 7 Uhr 30.
- ● 1 Entschuldigung. Wie spät ist es?
- ● 3 Wie bitte?

🎧 2.05–08 **d** Uhrzeit inoffiziell – Sie hören vier Dialoge. Welche Uhrzeiten hören Sie? Notieren Sie die Dialognummer.

 ☐ 2 Es ist sieben Uhr.
 ☐ Es ist fünf **nach** sieben.
 ☐ 1 Es ist Viertel **nach** sieben.
 ☐ Es ist zwanzig **nach** sieben.

 ☐ 4 Es ist halb acht.
 ☐ Es ist zwanzig **vor** acht.
 ☐ 3 Es ist Viertel **vor** acht.
 ☐ Es ist fünf **vor** acht.

e Uhr und Zeiger – Üben Sie wie im Beispiel.

◁ Wie spät ist es?   ▷ Es ist Viertel nach neun.

Viertel nach sieben = viertel acht
Viertel vor acht = dreiviertel acht

f Wie spät ist es jetzt in … ? Fragen und antworten Sie.

in der Früh   mittags   nachmittags   abends   nachts

In Österreich ist es 12:00 • 13:45 • 19:20 • 23:05 • 04:30.

Wie spät ist es jetzt in Delhi • Moskau • Bogota • Toronto • Nairobi?

◁ In Österreich ist es jetzt zwölf Uhr mittags. Wie spät ist es in … ?

3 Termine

🎧 2.09 **a** Hören Sie den Dialog. Wann hat Markus Linsbauer einen Termin? Kreuzen Sie an: a, b oder c?

 8:45 Uhr

 8:55 Uhr

 9:00 Uhr

b Die Woche – Lesen Sie den Terminkalender von Markus. Markieren Sie die Wochentage.

25 Montag						Donnerstag 28
18:00 Uhr VHS Spanischkurs	Mo	4	11	18	25	in der Früh Termin beim Chef!!!
	Di	5	12	19	26	
	Mi	6	13	20	27	
	Do	7	14	21	28	Freitag 29
	Fr	1	8	15	22	29
	Sa	2	9	16	23	30	16:30 Uhr Kaffee mit Ron
	So	3	10	17	24	1
26 Dienstag						Samstag 30
17:00 Friseur ✂						19:00 Uhr Fußball ⚽
27 Mittwoch						Sonntag 1
13:00 Uhr: Mittagessen mit Selma ❤						15:00 Besuch von Pablo 🙂

c Lesen Sie den Dialog laut.

● Wann geht Markus zum Friseur? ○ Am Dienstag.
● Um wie viel Uhr? ○ Um fünf.

Wann?	Wochentage:	Am Montag/Dienstag …
Um wie viel Uhr?	Uhrzeit:	Um 9:00 Uhr / 16:30 Uhr …

d Was macht Markus wann? Fragen und antworten Sie.

1. Wann geht Markus zum Friseur? ⟨ Am Dienstag um 17 Uhr. ⟩   4. Wann trinkt er mit Ron Kaffee?
2. Wann spielt er Fußball?   5. Wann beginnt der Spanischkurs?
3. Wann isst er mit Selma Mittag?   6. Wann kommt Pablo zu Besuch?

e Beantworten Sie jetzt die Fragen 1–6 genau. Schreiben Sie Sätze wie im Beispiel.

Markus   *geht*   am Dienstag um 17:00 Uhr   zum Friseur.

Am Dienstag um 17:00 Uhr   *geht*   Markus   zum Friseur.

…

UND SIE?

⟨ Der Deutschkurs ist am Montag, Mittwoch und Freitag. ⟩

Beantworten Sie die Fragen.

Wann ist der Deutschkurs?   Wann arbeiten Sie?   Um wie viel Uhr trinken Sie Kaffee?   Was machen Sie am Dienstag um 8.00 Uhr?   …?

4 Der Alltag

a Selmas Tag – Ordnen Sie die Uhrzeiten zu. Was macht Selma wann? Was macht sie von wann bis wann?

14:00   7:00–7:30   23:00–6:15   8:30   16:00–17:00

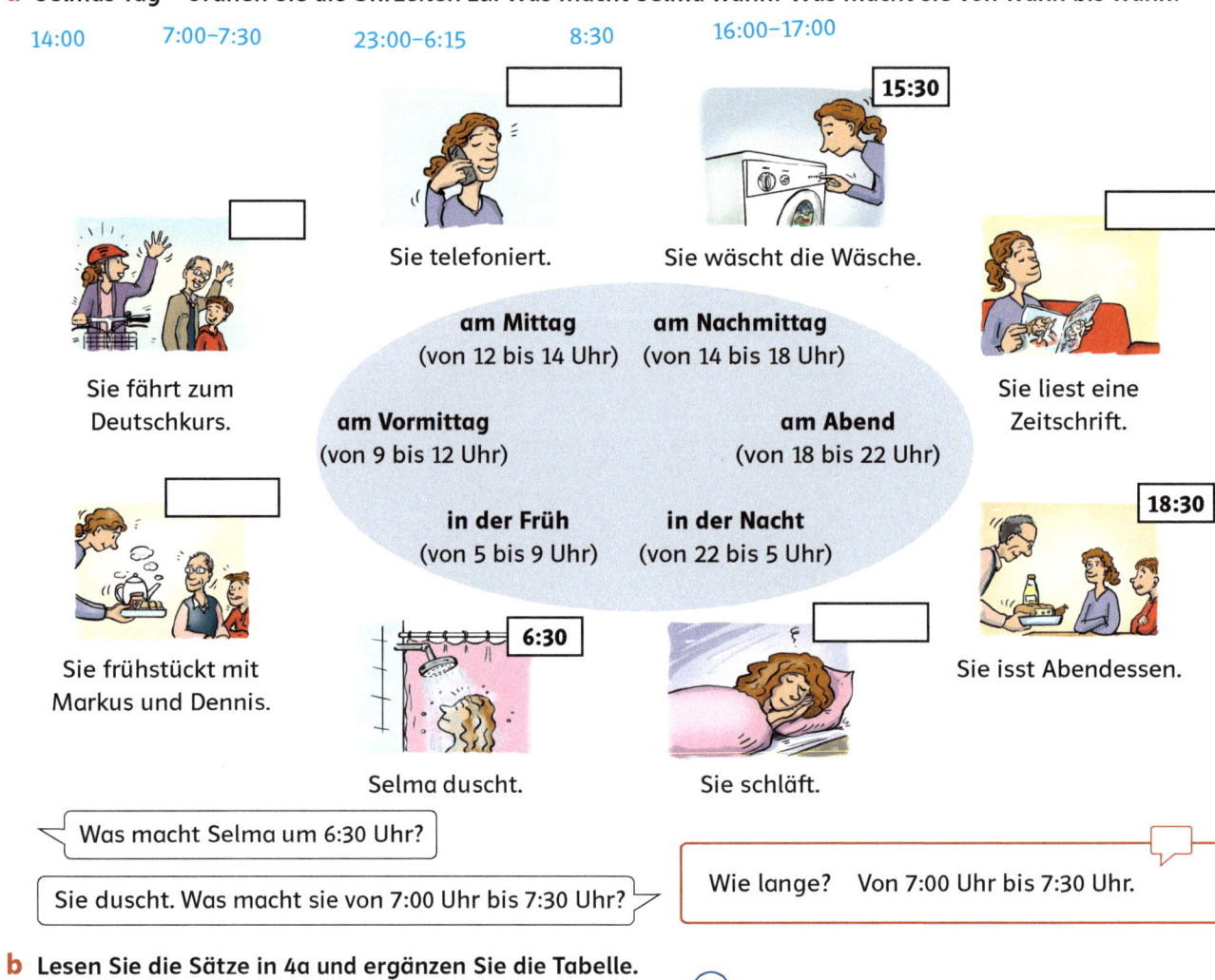

Sie telefoniert. — Sie wäscht die Wäsche. — Sie liest eine Zeitschrift.

am Mittag (von 12 bis 14 Uhr)
am Nachmittag (von 14 bis 18 Uhr)
am Vormittag (von 9 bis 12 Uhr)
am Abend (von 18 bis 22 Uhr)
in der Früh (von 5 bis 9 Uhr)
in der Nacht (von 22 bis 5 Uhr)

Sie fährt zum Deutschkurs. — Sie frühstückt mit Markus und Dennis. — Selma duscht. — Sie schläft. — Sie isst Abendessen.

– Was macht Selma um 6:30 Uhr?
– Sie duscht. Was macht sie von 7:00 Uhr bis 7:30 Uhr?
– Wie lange? Von 7:00 Uhr bis 7:30 Uhr.

b Lesen Sie die Sätze in 4a und ergänzen Sie die Tabelle.

FOKUS Verben mit Vokalwechsel

	fahren	essen	lesen
ich	fahre	ess........	lese
du	fährst	isst	liest
er/es/sie	....	....	....

Bei den Verben *schlafen* und *waschen*
a → ä
wie bei *fahren*

Die Pluralformen sind regelmäßig.

c Tageszeiten – Fragen und antworten Sie.

– Wann frühstückt Selma? – In der Früh.
– Was macht sie am Abend? – …

UND SIE? am Donnerstag nachholen

a Machen Sie Notizen zu Ihrem Tagesablauf. Wählen Sie.
Schreiben Sie Stichworte. **oder** Schreiben Sie ganze Sätze.

8 Uhr: duschen

Um 8:00 Uhr dusche ich.

b Machen Sie Interviews und notieren Sie den Tagesablauf.

– Was machst du in der Früh? – Ich frühstücke um 8 Uhr 30.

5 Laura und Selma skypen.

a Lesen Sie und beantworten Sie die Fragen.

Wo ist Laura? • Was macht Selma? • Wann hat Selma Zeit?

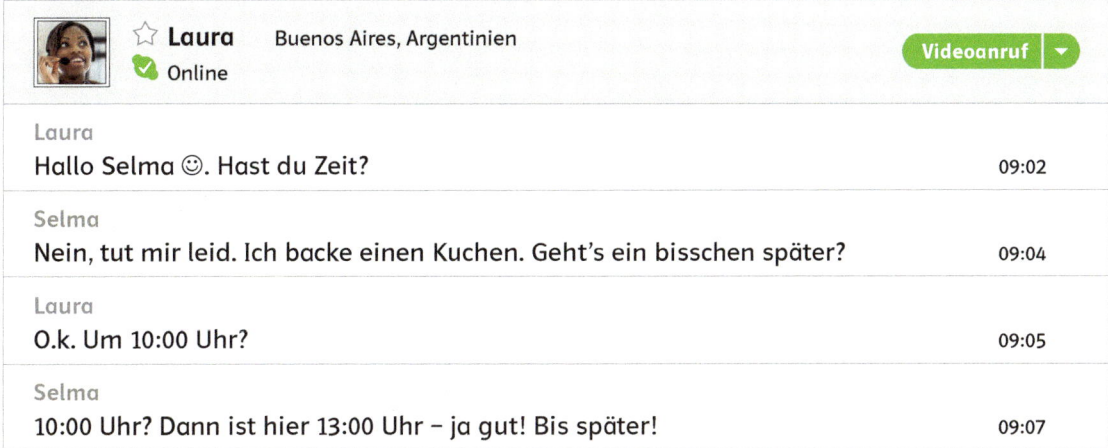

b Schreiben Sie die Verben zu den Nomen.

besuchen • ~~backen~~ • schreiben • machen • lesen • essen • sehen

einen Kuchen _backen_ [S]   ein Eis _essen_ [L]   Sport _machen_ [L]   einen Film _sehen_ [S]

ein E-Mail _schreiben_ [L]   eine Zeitung _lesen_ [S]   einen Freund _besuchen_ [S]

🎧 2.10 **c** Hören Sie den Dialog. Was macht Selma und was macht Laura? Schreiben Sie S oder L in 5b.

d Wer macht was? Schreiben Sie Sätze.

der Kuchen • der Film • das E-Mail • die Zeitung • das Eis • der Freund • Sport

Selma backt einen Kuchen. Sie ...

6 Freizeit

a Freizeitaktivitäten – Hören Sie. Welches Geräusch passt wo?

[4] Musik hören [7] Fahrrad fahren [3] Freunde einladen [6] die Familie anrufen

[2] Fußball spielen [5] fernsehen [8] einkaufen [1] ausgehen

b Hören Sie. Was machen die Personen in der Freizeit? Kreuzen Sie an.

[X] Musik hören [x] aus̑schlafen [ ] grillen [X] Freunde ein̑laden [x] fern̑sehen [x] Fußball spielen
[ ] lange frühstücken [ ] lesen [x] aus̑gehen [x] Fahrrad fahren [x] ein̑kaufen [x] die Familie an̑rufen
[x] Sport machen [x] essen [x] trinken [x] Filme sehen

c Hören Sie noch einmal. Was machen Selma, Markus, Laura oder Roman? Ergänzen Sie die Namen.

Roman lädt Freunde ein. _Laura_ geht abends aus. _Selma_ ruft die Familie an.
Laura kauft gerne ein. _Markus_ schläft am Sonntag aus. _Roman_ sieht zu Hause fern.

d Ergänzen Sie die Tabelle mit einem Satz aus 6c.

FOKUS **Trennbare Verben**

Infinitiv		Verb: Position 2		Verb: Ende
ein̑laden	Roman	lädt	Freunde	ein.

e Hören Sie die Infinitive. Wo sind die Wörter betont? Markieren Sie und sprechen Sie nach.

<u>ein</u>̑laden • <u>aus</u>̑gehen • <u>ein</u>̑kaufen • <u>aus</u>̑schlafen • <u>fern</u>̑sehen • <u>mit</u>̑bringen

f Schreiben Sie die Fragen.

1. wann / Freunde / einladen / du / ?
2. ausgehen / gerne / du / ?
3. um wie viel Uhr / am Wochenende / aufstehen / du / ?
4. wie lange / am Abend / fernsehen / du / ?
5. Fahrrad fahren / gerne / du / ?
6. wann / einkaufen / du / ?

UND SIE?

Meine Freizeit – Schreiben Sie Aktivitäten auf Karten. Mischen Sie die Karten. Ziehen Sie eine Karte, fragen und antworten Sie.

fernsehen _Sport machen_ ...

> Wann siehst du fern?
> Ich sehe am Nachmittag fern.

7 Die Einladung

a Lesen Sie die Einladung. Wann ist der Filmabend?

FILMABEND * FILMABEND * FILMABEND

Hallo Leute,

am Freitag um 20 Uhr sehen wir „Das Parfum". Kommt ihr?
Ich kaufe Chips und Popcorn. Bringt ihr Mineralwasser,
Cola oder Saft mit?
Wo? Bei mir zu Hause: Einsteinstr. 126 (Bus 18, Haltestelle „Weberplatz").
Antwort bitte bis Donnerstag: roman@gmx.at oder 0664 32298756.
Bis Freitag!

Viele Grüße
Roman

b Beantworten Sie die Fragen.

Wie heißt der Film? • Kauft Roman Cola, Mineralwasser und Saft? • Wie ist die Telefonnummer von Roman?

c Antworten Sie Roman. Machen Sie zuerst Notizen. Wählen Sie.

Schreiben Sie ein SMS. **oder** Sprechen Sie eine Nachricht auf den Anrufbeantworter von Roman.

Hallo Roman, danke für … Ich arbeite bis … Um … bin ich da. Ich bringe … mit. Liebe Grüße …

d Spielen Sie ein Kettenspiel mit den Aktivitäten.

< Ich spiele Fußball.   < Ich spiele Fußball und wasche Wäsche.   < Ich spiele Fußball, wasche Wäsche und …

 K5 **VORHANG AUF**

Spielen Sie Pantomimen mit Aktivitäten aus dem Alltag und der Freizeit. Die anderen raten.

     < Fährst du Fahrrad?

ÜBUNGEN

1 Der Langschläfer

Was träumt Markus? Notieren Sie die Wörter.

1. _Sport machen_
2. ....
3. ....
4. ....
5. ....
6. ....
7. ....
8. ....

2 Der Bus

🎧 2.17 **a** Wann fährt der Bus Nummer …? Hören Sie und ergänzen Sie.

1. Der Bus Nummer 89 fährt um .... Uhr.
2. Der Bus Nummer 10 fährt um 9:30 Uhr.
3. Der Bus Nummer 19 fährt um 16:40 Uhr.

🎧 2.18 **b** Welche Uhrzeiten hören Sie? Notieren Sie.

c Schreiben Sie die Uhrzeiten aus 2b wie im Beispiel.

1. Es ist halb elf Vormittag.

🎧 2.19 **d** Wie spät ist es? Hören Sie und ergänzen Sie in den Uhren die Zeiger.

11:55   15:15   07:45   00:50   10:45

3 Termine

a Lesen Sie und ergänzen Sie den Dialog.

● Dorner, hallo.
○ Guten Morgen, Herr Dorner. Linsbauer hier.
● Guten Morgen, Herr Linsbauer. Sind Sie schon im Büro?
○ ....
....
● Wann fährt der Bus? Um neun haben wir einen Termin!
○ ....
● Wann sind Sie hier?
○ ....
● Dann ist ja alles gut. Bis später.
○ ....

Ich bin fünf vor neun im Büro.

Bis später, Herr Dorner.

Nein, der Bus ist weg. Ich komme ein bisschen später.

Der Bus fährt zehn nach halb neun.

b Ergänzen Sie *um* oder *am*.

Der Terminkalender von Markus

Am Montag lernt Markus immer Spanisch. Der Kurs beginnt .... 18:00 Uhr. Dienstag geht er .... 17:00 Uhr zum Friseur. .... Mittwoch essen Selma und Markus .... 13:00 Uhr Mittag. .... Donnerstag hat Markus einen Termin beim Chef. .... Freitag trinkt Markus mit Ron .... 16:30 Uhr Kaffee. .... Samstag spielt er .... 19:00 Uhr Fußball. .... Sonntag .... 15:00 Uhr kommt Pablo zu Besuch.

c Und Sie? Schreiben Sie Ihre Antwort.

1. Wann lernen Sie Deutsch? *Ich lerne nachmittags Deutsch.*
2. Wann sind Sie am Abend zu Hause?
3. Wann kochen Sie?
4. Wann beginnt der Deutschkurs?
5. Wann frühstücken Sie?
6. Wann essen Sie zu Hause?

d Schreiben Sie die Sätze neu, wie im Beispiel.

1. Markus macht <u>am Samstag</u> Sport.
2. Selma kocht <u>am Sonntag</u> immer zu Hause.
3. Markus geht <u>am Donnerstag</u> nicht zum Spanischkurs.
4. Dennis sieht <u>am Wochenende</u> immer fern.
5. Selma und Markus laden <u>am Samstag</u> immer Gäste ein.
6. Markus schläft <u>am Sonntag</u> lang.

1. Am Samstag macht Markus Sport.

4 Der Alltag

a Lesen Sie die Sätze und vergleichen Sie mit Seite 68. Kreuzen Sie an: richtig oder falsch?

	R	F
1. Markus, Selma und Dennis frühstücken von 7:00 bis 7:30 Uhr.	X	☐
2. Selma duscht um 08:30 Uhr.	☐	☐
3. Selma wäscht am Nachmittag die Wäsche.	☐	☐
4. Um 16:30 Uhr fährt Selma zum Deutschkurs.	☐	☐
5. Am Abend essen Markus, Selma und Dennis um 18:30 Uhr.	☐	☐
6. Selma schläft von 23:00 bis 6:15 Uhr.	☐	☐

b Ergänzen Sie die Verben *essen* und *lesen* in der richtigen Form.

Dialog 1

● Was macht Selma?

○ Sie _liest_ ein Buch.

● ……………… du auch?

○ Ja, ich ……………… eine Zeitschrift.

Dialog 2

● Was _esst_ ihr?

○ Wir ……………… Pizza.

● Und was ……………… du?

○ Ich ……………… ein Schinkenweckerl.

Dialog 3

● Was isst du in der Früh?

○ In der Früh ……………… ich ein Weckerl. Wir ……………… immer Weckerl. Und was ……………… du?

● Ich ……………… in der Früh ein Käseweckerl.

Dialog 4

● Was machst du?

○ Ich ……………… eine Zeitschrift.

● Kochst du heute nicht?

○ Natürlich. Aber am Sonntag ……………… wir später.

c Ergänzen Sie die Verben: *waschen, fahren, schlafen*.

1. Selma _wäscht_ am Nachmittag die Wäsche.
2. Am Sonntag ……………… Selma und Markus lang.
3. Wann ……………… der Bus?
4. In der Früh ……………… Selma zum Deutschkurs.
5. Wie lange ……………… du am Sonntag?
6. Wann ……………… ihr das Auto?

5 Laura und Selma skypen.

a Schreiben Sie die Artikel.

1. _die / eine_ Zeitung
2. ……………… E-Mail
3. ……………… Kuchen
4. ……………… Film
5. ……………… Buch
6. ……………… Freund
7. ……………… Weckerl
8. ……………… Eis
9. ……………… Deutschkurs

b Was machst du jetzt? Schreiben Sie Sätze mit Akkusativ.

backen   besuchen   lesen | die Zeitschrift   der Freund   das E-Mail   das Eis

sehen   schreiben   essen | das Buch   der Kuchen   der Film   das Weckerl

Ich besuche einen Freund.

6 Freizeit

a Freizeitaktivitäten – Notieren Sie.

FAHRRADFAHRENFERNSEHENAUSGEHENEINKAUFENFUSSBALLSPIELENMUSIKHÖRENAUSSCHLAFENGRILLEN

Fahrrad fahren ....

....

b Mein Wochenende – Ergänzen Sie die Wörter.

lese   Familie   lade   Kuchen   ein
        ~~habe~~   gehen   lese
schlafe

Am Wochenende (1) ....habe.......... ich Zeit. Ich (2) .... aus. Dann frühstücke ich lange und

(3) .... eine Zeitung. Am Samstag kaufe ich immer (4) .... Dann rufe ich meine

(5) .... an. Ich koche mittags. Dann (6) .... ich ein Buch. Am Nachmittag

(7) .... ich meine Freundin ein. Wir trinken Kaffee und essen (8) ....

Am Abend (9) .... wir aus.

🎵 2.20 **c** Lange Sätze sprechen – Welche Wörter liest man zusammen? Hören Sie die Sätze und markieren Sie wie im Beispiel.

1. Am Montag|fährt Markus|mit dem Bus|zur Arbeit.

2. Am Wochenende gehen Markus, Selma und Dennis im Park spazieren.

3. Selma ruft am Sonntag immer ihre Familie an.

4. Markus fährt am Samstag immer zwei Stunden Fahrrad.

d Ergänzen Sie die Verben.

1. ausschlafen: ....Schlaft.... ihr am Wochenende ....aus....?
2. fernsehen: Wie lange .... du am Samstag ....?
3. einladen: Wann .... ihr Freunde ....?
4. fernsehen: Ihr .... aber sehr viel .... Jetzt gehen wir spazieren!
5. ausschlafen: Pablo .... am Wochenende immer ....
6. einladen: Selma .... gerne Kollegen ....

e Wer macht was? Schreiben Sie Sätze.

Name	Samstag		Sonntag	
Selma		Selma lädt am Samstag eine Freundin ein.		
Dennis				
Markus				
Pepe				

f Und Sie? Schreiben Sie Sätze zu den Aktivitäten in 6a.

Ich fahre am Sonntag gerne Fahrrad.

7 Die Einladung

a Lesen Sie die Einladung. Ordnen und nummerieren Sie.

◯ Wir brauchen noch Getränke, Brot und Kuchen. Ich bringe Kuchen mit.

◯ Bis Samstag. Viele Grüße
Paul

1 Hallo Leute,
am Samstag machen wir eine Party. Sie beginnt um 19 Uhr. Kommt ihr?

◯ Und ihr? Was bringt ihr mit?

b Einladung – Ordnen Sie die Wörter.

Personen:
die Kollegen, ...

....

Essen und Trinken:
die Banane, ...

....

Aktivitäten:
mitbringen, ...

....

einen Film sehen
die Freunde
der Kaffee
das Brot
~~die Banane~~
die Pizzaschnitte
grillen
kochen
die Getränke
~~mitbringen~~
der Kuchen
einkaufen
der Saft
die Weckerl
der Lehrer
das Wasser
~~die Kollegen~~
das Cola

ÜBUNGEN 5

c Kaffeeflecken – Ergänzen Sie die Einladung und schreiben Sie sie neu.

> Liebe Lisa,
> hast du ▓ Freitagabend Zeit? Ich mache ein Fest.
> ▓ 19:00 Uhr essen wir und ▓ 20:00 Uhr ▓ 22:00 Uhr sehen wir ▓ Film. Kommst du? Meine Handynummer ist 0699-97543220.
> Liebe Grüße Veronica

Liebe Lisa,
hast du am Freitag...

d Schreiben Sie eine Einladung. Schreiben Sie zu diesen Punkten:

Fest   Wann?   Was mitbringen?

Liebe Freunde,

LEICHTER LERNEN

Mit der Muttersprache lernen

RICHTIG SCHREIBEN: *st-* und *sp-*

🎧 2.21 **a** Hören Sie *st* oder *scht*, *sp* oder *schp*? Kreuzen Sie an.

	(st)	(scht)			(sp)	(schp)
Straße				spielen		
Stress	☐	☐		Spanisch	☐	☐
Stadt				sprechen		
Student				spät		

🎧 2.22 **b** Hören Sie und ergänzen Sie.

● Entschuldigung. Wie .... ist es?   ○ Es ist Viertel nach zehn.

● Sprichst du ....?   ○ Ja, und ich .... auch Portugiesisch.

● Wo .... ihr Fußball?   ○ Auf der ....

● Haben Sie ....?   ○ Nein, es geht mir gut.

● Wie schreibt man ....?   ○ Ich buchstabiere: S-t-u-d-e-n-t.

Mein Deutsch nach Kapitel 5

Das kann ich:

die Uhrzeit erfragen und sagen

Sprechen Sie die Uhrzeiten.
- Entschuldigung, wie spät ist es?
- Es ist ...
- Wie spät?
- ...

Termine nennen

ausschlafen Fußball spielen einen Film sehen zum Friseur gehen einen Freund besuchen ...

Sprechen Sie. Ergänzen Sie die Wochentage und Aktivitäten.
- Was machst du am ...? • Und am ...?
- Am ... ich ... ○ Am ... ich ...

über Aktivitäten im Tagesablauf sprechen

Schreiben Sie: „Mein Alltag".

Ich stehe um ... auf. Um ... Uhr frühstücke ich.

über Freizeit sprechen

Was machst du gerne?

Kochst du gerne?
Liest du gerne? ...

www → A1/K5

Das kenne ich:

Verben mit Vokalwechsel

	essen	lesen	fahren	schlafen	waschen
ich	esse	lese	fahre	schlafe	wasche
du	isst	liest	fährst	schläfst	wäschst
er/es/sie	isst	liest	fährt	schläft	wäscht
wir	essen	lesen	fahren	schlafen	waschen
ihr	esst	lest	fahrt	schlaft	wascht
sie/Sie	essen	lesen	fahren	schlafen	waschen

trennbare Verben

Satzklammer – trennbare Verben

Position 1	Verb: Position 2		Verb: Ende
Markus	schläft	am Sonntag	aus .
Am Freitag	kauft	Selma gerne	ein .

Fragewörter

Wie? Wie spät ist es?
Wann? Wann frühstückst du?
Wie lange? Wie lange arbeitest du?

Präpositionen

in in der Früh
zu zu Mittag
an am Abend
um um 7:30 Uhr, um 12:15 Uhr, um 20:00 Uhr
von ... bis von 8:00 Uhr bis 17:00 Uhr, von Montag bis Freitag.

Das schmeckt gut! 6

Milch
Brot
Mineralwasser
Spaghetti
Fleisch
Käse
Wurst
Reis ✓
Olivenöl
Obst

Gemüse:
– Zucchini ✓
– Tomaten
– Zwiebeln ✓
– Karotten ✓
– Salat
– Kartoffeln
– Paprika ✓
– Pilze ✓

1 Lebensmittel

a Sehen Sie die Fotos auf dieser Seite an. Welche Wörter kennen Sie auf Deutsch? Sammeln Sie.

🎧 2.23 **b** Hören Sie das Gespräch. Was möchte Senia kochen?

A
Spaghetti mit Tomatensoße

B
Gemüsereis

C
Kartoffelsuppe

D
Schnitzel mit Kartoffelsalat

c Hören Sie noch einmal. Was braucht Senia für das Essen? Markieren Sie auf dem Einkaufszettel. Vergleichen Sie im Kurs.

Lernziele
Sprechen Einkaufsgespräche führen; Preise erfragen; Vorlieben nennen; Komplimente machen; über Essgewohnheiten sprechen | **Hören** Einkaufsgespräche; Interviews | **Schreiben** eine Einladung; einen Einkaufszettel | **Lesen** einen Einkaufszettel; eine Einladung zum Abendessen; einen Zeitungsartikel | **Beruf** Verkaufsgespräche führen

2 Im Gemüsegeschäft

a Lesen Sie 1–9 und hören Sie. Wer sagt was? Schreiben Sie S (Senia) oder V (Verkäuferin).

1. _S_ Ich hätte gerne …
2. _V_ Was hätten Sie gerne?
3. _S_ Geben Sie mir bitte …
4. _V_ Noch etwas?
5. _V_ Ist das alles?
6. _S_ Ich brauche …
7. _V_ 2 Euro 80.
8. _V_ Das macht 6 Euro 90.
9. _S_ Was kosten …?

b Hören Sie noch einmal. Was kauft Senia? Kreuzen Sie an.

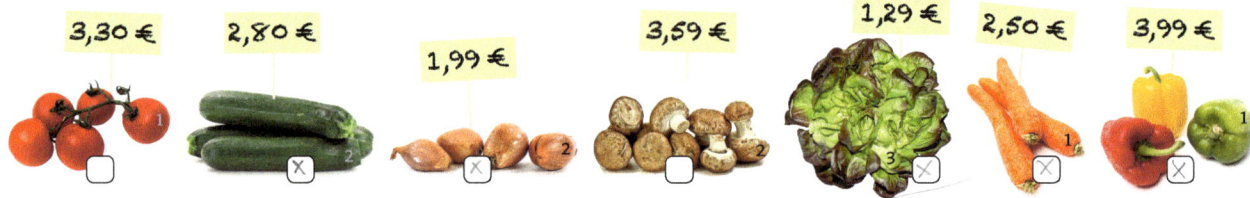

c Kettenübung – Hören Sie das Beispiel. Üben Sie die Fragen und Antworten.

1. ‹ Was hätten Sie gerne? › ‹ Karotten. Ich hätte gerne Karotten. Was hätten Sie gerne? › ‹ Tomaten. Ich … ›

2. ‹ Was kosten die Karotten? › ‹ 2 Euro 50. Die Karotten kosten 2 Euro 50. Was kosten …? › ‹ … ›

d Mengen und Verpackungen: Packung, Dose, Gramm … – Was kaufen Sie wie?

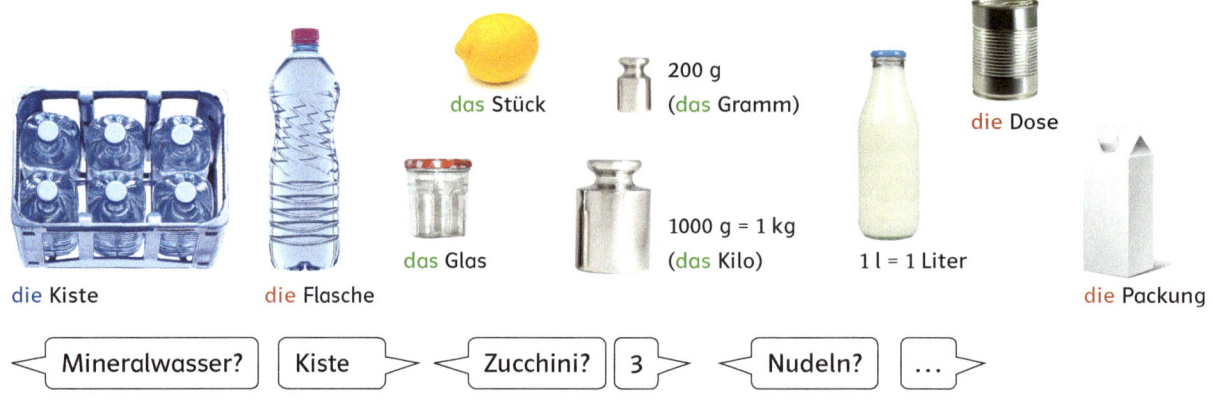

die Kiste — die Flasche — das Stück — das Glas — (das Gramm) — (das Kilo) — 1 l = 1 Liter — die Dose — die Packung

‹ Mineralwasser? › ‹ Kiste › ‹ Zucchini? › ‹ 3 › ‹ Nudeln? › ‹ … ›

e Packen Sie den Einkaufswagen.

Ich hätte gerne eine Kiste Wasser. **Was hätten Sie gerne?**

Ich hätte gerne eine Kiste Wasser **und ein Kilo Tomaten**. **Was hätten …?**

Ich hätte gerne eine Kiste Wasser, ein Kilo Tomaten **und einen Paprika**. **Was hätten …?**

3 Preise

Erfinden Sie die Preise. Fragen und antworten Sie.

- Was kosten die Spaghetti?
- Eine Packung Spaghetti kostet 4 Euro 30.
- Was? So teuer?

UND SIE?

a Ihr Kühlschrank ist leer.
Was brauchen Sie? Notieren Sie.
Das Wörterbuch hilft.

b Sprechen Sie.

- Ich brauche Butter und Milch.
- Ich brauche Käse und Wurst.
- …

c Schreiben und spielen Sie Einkaufsdialoge.

- Guten Tag, was hätten Sie gerne?
- Ich brauche ein Kilo Äpfel.

Verkäufer/in
Was hätten Sie gerne?
Ein Kilo kostet … / halbes Kilo kostet …
Noch etwas?
Ja, wir haben …
Ist das alles?

Käufer/in
Ich hätte gerne …
Was kostet ein Kilo? / Was kosten …?
Ich brauche noch …
Haben Sie …?
Ja, danke.
Nein, ich brauche noch …

4 Die Einladung

a Lesen Sie die Mitteilungen: Wann kommt Ron? Wer macht was?

RON — Di., 8. Okt. 13:39
Hi, kommst du zum Abendessen? Um 7 Uhr? Ich koche einen Gemüsereis. Zum Nachtisch habe ich Käse. Ich habe keinen Wein. Bringst du eine Flasche mit? LG Senia

SENIA — Di., 8. Okt. 13:45
Hallo Senia, super, danke!! Ich komme um 6. Ist das okay? Kochen wir zusammen? Ich mache einen Salat. Ich bringe eine Flasche Wein mit. Bis später, Ron.

RON — Di., 8. Okt. 13:48
Super. Bis dann!

b *Ich habe, kaufe, brauche* … – Schreiben Sie.

Ich habe …	einen, keinen
Ich kaufe …	ein, kein
Ich brauche …	eine, keine

Ich habe einen Apfel.
Ich kaufe ein Weckerl.
Ich brauche keine Butter.

> Nicht vergessen:
> Akkusativ Singular maskulin + **en**
>
> Ich trinke ein**en** Kaffee.

c Wählen Sie.

Schreiben Sie eine Einladung.   **oder**   Notieren Sie Stichworte und spielen Sie eine Einladung am Telefon.

5 Das Abendessen

🎧 2.27–29 **a** Hören Sie. Zu welchen Fotos passen die Dialoge?

 A 3
 B 2
 C 1

b Lesen Sie die Dialoge laut.

Dialog 1
● Hallo Senia.
○ Hallo Ron. Die Blumen sind sehr schön. Danke!
● Mmm, das Essen riecht gut. Ich habe richtig Hunger.

Dialog 2
○ Ich hole die Getränke. Deckst du den Tisch, bitte?
● Klar, wo sind Teller und Besteck?
○ Hier. Messer, Gabeln und Löffel sind links. Die Servietten auch.

Dialog 3
● Guten Appetit und prost!
○ Prost! Der Wein schmeckt toll!
● Ich finde den Reis und das Gemüse super! Du kochst wirklich sehr gut!
○ Ich finde den Salat und die Salatsoße fantastisch!

c Markieren Sie in den Dialogen die Artikel. Ergänzen Sie die Tabelle.

FOKUS   Akkusativ: **den**, **das**, **die**

Nominativ		Akkusativ
der Tisch	Ich decke	d**en** Tisch.
das Gemüse	Ich finde	d**as** Gemüse super.
die Salatsoße	Ich finde	d**ie** Salatsoße fantastisch.
die Getränke	Ich hole	d**ie** Getränke.

> Die Artikel **das** und **die** sind in Nominativ und Akkusativ gleich.

d Ich mache den Salat. Üben Sie.

 braten
 schneiden
 probieren
 backen

machen
kochen

der Reis | das Brot | die Salatsoße | die Semmeln
der Fisch | das Fleisch | die Orange | die Kartoffeln
der Salat | das Gemüse | die Milch | die Spaghetti
der Kuchen | das Abendessen | | die Tomaten / die Paradeiser
der Nachtisch

◁ Salat ◁ Ich mache den Salat. Fleisch. ◁ Ich brate das Fleisch. Tomaten. ◁ Ich schneide …

6 Komplimente

♪ 2.30 **a** Hören Sie und markieren Sie den Wortakzent: _ lang oder • kurz? Sprechen Sie nach.

sehr gut – fantastisch – köstlich – spitze – super

b Machen Sie Komplimente. Würfeln Sie und sprechen Sie zu zweit.

⚀ Fisch   ⚀ sehr gut
⚁ Suppe   ⚁ fantastisch
⚂ Spaghetti   ⚂ schmeckt sehr gut
⚃ Gemüse   ⚃ köstlich
⚄ Nachtisch   ⚄ spitze
⚅ Kuchen   ⚅ super

◁ ⚀ Wie findest du den Fisch?
◁ ⚁ Der Fisch schmeckt fantastisch.
◁ ⚃ Wie findest du das Gemüse?
◁ ⚂ Das Gemüse schmeckt sehr gut!

VORHANG AUF

Planen und spielen Sie Dialoge zu den Bildern.

A
B
C
D
E
F

7 Frühstück in Österreich

a Lesen Sie den Text. Zu welchen Textabschnitten passen die Fotos?

Nur 39 % frühstücken zu Hause

1. „Ich nehme einen Kaffee mit Milch und ein Käseweckerl, bitte." Lea Prinz bezahlt und geht zur U-Bahn. Es ist Montagmorgen, 8 Uhr. Um 8 Uhr 15 fängt die Arbeit an. Sie hat keine Zeit für ein Frühstück zu Hause. Lea frühstückt am Arbeitsplatz oder sie isst und trinkt etwas auf dem Weg zur Arbeit. Das machen viele Österreicher.

2. Das Frühstück ist heute oft ein *Coffee to go* oder ein Kaffee oder Tee aus der Teeküche im Büro und ein Weckerl oder Croissant. Auch Kinder frühstücken nicht immer zu Hause. Sie kaufen in der Schule etwas zum Essen und Trinken am Buffet.

3. Mia und ihr Freund Markus lieben das Frühstück am Sonntag. Um 9 Uhr kauft Markus Semmeln beim Bäcker. Mia deckt den Tisch schön. Sie essen Müsli mit Joghurt, Obst und Brot mit Marmelade, Wurst oder Käse. Manchmal nimmt Markus auch ein Ei zum Frühstück. Mia trinkt Tee und Markus trinkt Kaffee mit Milch und Zucker. Die beiden frühstücken lang und essen dann kein Mittagessen.

b Kreuzen Sie an: richtig oder falsch?   R F

1. Lea Prinz frühstückt am Montag nicht zu Hause.
2. Kinder kaufen das Frühstück immer in der Schule.
3. Am Sonntag haben Mia und Markus Zeit für das Frühstück.

nehmen

ich	nehme
du	nimmst
er/es/sie	nimmt
wir	nehmen
ihr	nehmt
sie/Sie	nehmen

UND SIE?

Fragen und antworten Sie.

Was frühstücken Sie?
Wie frühstückt man bei Ihnen von Montag bis Freitag?
Wie frühstückt man am Sonntag?

– Ich esse in der Früh nichts.
– Um 10 Uhr esse ich ein Brot mit Käse.
– Ich trinke nur Kaffee mit Milch.
– Bei uns isst man …

8 Aussprache: ü

a Hören Sie zu und sprechen Sie nach.

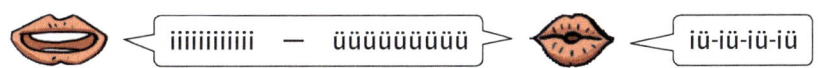

iiiiiiiiiii — üüüüüüüü   iü-iü-iü-iü

b Hören Sie zu und sprechen Sie nach.

früh – Frühstück – frühstücken – Gemüse – Müsli
Sie isst zum Frühstück nie Gemüse.
Sie frühstückt am Dienstag Müsli und Milch.

c Bilden und sprechen Sie eigene Sätze mit *ü*.

9 Interviews: Was isst du gerne?

a Hören Sie und lesen Sie das Gespräch. Was mag Senia?

● Senia, was isst du gerne?
○ Ich mag fast alles: Käse, Milch, Obst …
● Und Gemüse?
○ Ja, ich mag Gemüse sehr, besonders Tomaten.
● Magst du auch Fisch und Fleisch?
○ Nein, ich mag keinen Fisch und Fleisch esse ich nur manchmal.

mögen

ich	mag
du	magst
er/es/sie	mag
wir	mögen
ihr	mögt
sie/Sie	mögen

Senia mag …   … mag Senia nicht.

b Was mögen Pablo, Ben und Eleni? Hören Sie zu und kreuzen Sie an.

Pablo, Ben und Eleni

Pablo
☐ Karotten
☒ Salat
☐ Tomaten
☐ Kartoffeln
☒ Äpfel

Ben
☒ Tee
☒ Mineralwasser
☒ Fisch
☐ Fleisch
☐ Salat

Eleni
☐ Gemüse
☒ Obst
☐ Käse
☒ Kuchen
☒ Schokolade

UND SIE?

Was magst du?
Was isst du gerne?
Was trinkst du gerne?

a Was mögen Sie? Was mögen Sie nicht?
Machen Sie Interviews.

+	−
Ich esse gerne Obst.	Ich mag keine Tomaten und keine Wurst.
Ich mag Fisch mit Gemüse.	Ich trinke keinen Alkohol, aber viel Wasser.
Zum Abendessen esse ich gerne Brot mit Käse.	Ich esse kein Fleisch.

b Berichten Sie.

Sergej und Hülya essen kein Fleisch. Sergej isst auch keinen Fisch, aber Hülya mag Fisch sehr.

ÜBUNGEN

1 Lebensmittel

a Wie heißen die Lebensmittel? Schreiben Sie.

das Fleisch   die Wurst   der Käse   das Gemüse   das Obst   der Salat
der Reis   ~~die Milch~~   das Brot   das Olivenöl

die Milch   ....

....

♪ 2.37   **b** Hören Sie. Markieren Sie: _ lang oder • kurz?

die M_i_ch – das Br_o_t – das Obst – die Wurst – der Salat – der Käse – das Gemüse – das Olivenöl

2 Im Gemüsegeschäft

🎧 2.38   **a** Ordnen Sie die Sätze a–f zu. Hören Sie zur Kontrolle.

1. Guten Tag. Was hätten Sie gerne?   _e_
2. Ein Kilo Kartoffeln. Noch etwas?   _f_
3. 2 Euro 99 das Kilo.   _c_
4. Ist das alles?   _b_
5. Das macht 5 Euro, bitte.   _d_
6. Auf Wiedersehen.   _a_

a) Auf Wiedersehen.   b) Ja, danke.   c) Gut, ich hätte gerne ein halbes Kilo.
d) Hier, bitte.   ~~e) Ein Kilo Kartoffeln, bitte.~~   f) Ja, was kosten die Paradeiser?

🎧 2.39   **b** Welche Reaktion passt: a oder b? Kreuzen Sie an. Hören Sie zur Kontrolle.

1. Was hätten Sie gerne?   ⓐ Danke, das ist alles.   ☒ Ich brauche drei Zucchini.
2. Noch etwas?   ⓐ Ja, fünf Zwiebeln, bitte.   ⓑ Auf Wiedersehen.
3. Ist das alles?   ⓐ Nein, ich brauche auch Tomaten, bitte.   ⓑ Hier sind 5 Euro.

ÜBUNGEN

c Mengen und Verpackungen: Packung, Dose, Gramm ... – Was kaufen Sie wie?
Schreiben Sie Beispiele. Vergleichen Sie im Kurs.

das Mineralwasser ....

....

....

.... der Apfelsaft

....

....

3 Preise

a Welche acht Lebensmittel (Plural) finden Sie →↓? Markieren Sie.

```
E K N Ä P F E L T I N P A Z
I N E T S C L A N E M I B I
E U T O M A T E N T A L L T
R V Z W I E B E L N B Z E R
A K O F S E T B D U S E F O
N O R A N G E N A C G S X N
C T E T O M A E L M T K U E
K A R T O F F E L N E H M N
```

b Wie heißen die Wörter aus 3a im Singular?
Notieren Sie wie im Beispiel.

der Apfel, die Äpfel

🎧 2.40 **c** Welchen Preis hören Sie? Kreuzen Sie an.

1. 10 Eier   ⓐ 1,23 € ✓   ⓑ 1,53 €
2. Fisch (10 dag)   ⓐ 1,50 €   ⓑ 1,15 € ✓
3. Tomaten (1 kg)   ⓐ 2,14 €   ⓑ 2,10 € ✓
4. Spaghetti (Packung)   ⓐ 0,98 €   ⓑ 0,99 € ✓
5. Zitrone (Stück)   ⓐ 0,30 € ✓   ⓑ 0,53 €

d Wählen Sie 1, 2 oder 3. Schreiben Sie einen Einkaufszettel.
Das Wörterbuch hilft. Vergleichen Sie im Kurs.

1. ein Frühstück für zwei Personen
2. ein Salat
3. ein Essen aus einem anderen Land

*Brot
1 Liter Milch ...*

4 Die Einladung

a Lesen Sie die Einladung und ergänzen Sie die Verben.

~~kochen~~
essen
mitbringen
kommen
machen
kommen

Hallo, Senia, am Freitag _koche_ ich. .... du? Wir .... um 20 Uhr. Ute und Armin .... auch. Sie .... einen Nachtisch .... du die Salatsoße? LG Ron

b *Ich habe, kaufe, brauche …* – Ergänzen Sie *-en*, *—* oder *-e*.

1. Ich koche ein _en_ Gemüsereis.
2. Ich brauche ein........... Zucchini und ein........... Tomate.
3. Ich kaufe ein........... Salat.
4. Ich trinke ein........... Kaffee.
5. Ich esse ein........... Apfel.
6. Ich kaufe ein........... Brot.
7. Ich habe kein........... Tee, ich kaufe ein........... Packung Tee.
8. Ich möchte kein........... Bananen, aber ich möchte ein........... Stück Apfelkuchen.
9. Ich esse kein........... Fleisch.

🎧 2.41 **c** Ordnen Sie die Sätze und schreiben Sie das Telefongespräch ins Heft. Hören Sie zur Kontrolle.

● Also, bis Sonntag, Beate.
● Am Sonntag um 11 Uhr.
● Du, wir machen am Wochenende ein Frühstück. Kommst du?
● Hallo, Beate. Hier ist Sabine.
○ Am Wochenende? Ja, gerne. Wann denn?
○ Bis dann, tschüs! Und danke für die Einladung!
○ Hallo, Sabine.
○ Ja, super.

5 Das Abendessen

a Schreiben Sie die Wörter in das Bild.

der Löffel
das Messer
das Glas
der Teller
die Serviette
~~die Gabel~~

1. ....
2. die Gabel
3. ....
4. ....
5. ....
6. ....

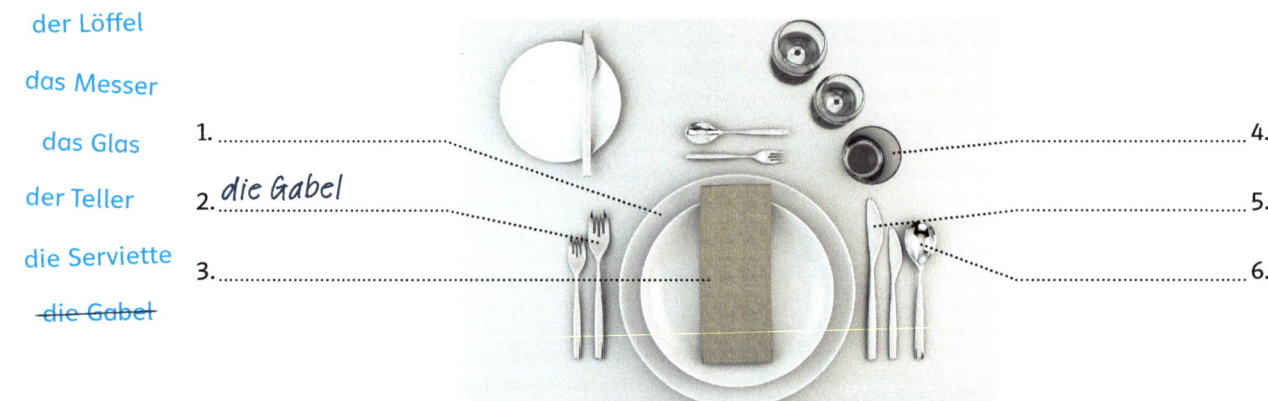

ÜBUNGEN 6

b Ergänzen Sie die Verben in der richtigen Form.

~~machen~~   kochen   machen   kochen   finden   decken   essen   holen

1. Senia und Ron __machen__ das Abendessen.
2. Senia .... einen Gemüsereis und Ron .... einen Salat.
3. Ron .... den Tisch. Senia .... die Getränke.
4. Senia und Ron .... zusammen. Ron .... den Reis und das Gemüse super.
5. Senia .... sehr gut.

1. machen 2. kochen/machen 3. decken/holen 4. essen/finden 5. kochen

c Welches Verb passt nicht?

1. der Reis	kochen	~~schneiden~~	probieren
2. der Salat	braten	machen	schneiden
3. der Kuchen	machen	backen	kochen
4. das Abendessen	backen	kochen	machen
5. die Salatsoße	schneiden	probieren	machen
6. die Tomaten	machen	schneiden	probieren

d Schreiben Sie acht Sätze mit den Verben aus 5c wie im Beispiel.

Ich koche den Reis.
Er probiert den Reis.

6 Komplimente

a Ergänzen Sie die Artikel: Nominativ (N) oder Akkusativ (A).

1. Wie kochst du __den__ Fisch (A)? __Der__ Fisch (N) schmeckt fantastisch!
2. Ich finde .... Salat (A) sehr gut. Wo kaufst du .... Salat (A)?
3. .... Kuchen (N) ist spitze! Backst du .... Kuchen (A) selbst?
4. Ist das .... Nachtisch (N)? .... Nachtisch (A) finde ich super!
5. .... Spaghetti (N) schmecken sehr gut. Wie lange kochst du .... Spaghetti (A)?
6. .... Suppe (N) schmeckt köstlich!
7. .... Weckerl (N) schmecken super. Wo kaufst du .... Weckerl (A)?

🎧 2.42 **b** Hören Sie die Dialoge. Ordnen Sie die Sätze den Bildern zu.

A ③   B ⑤   C ①   D ②   E ④

1. Die Musik ist spitze!
2. Ich finde es super!
3. Der Kaffee schmeckt sehr gut.
4. Der Kuchen schmeckt köstlich!
5. Du kochst fantastisch!

neunundachtzig 89

7 Frühstück in Österreich

a Hören Sie und kreuzen Sie an: richtig oder falsch?

	R	F
1.		
a) Der Mann frühstückt zu Hause.	☐	☐
b) Zum Frühstück isst er Brot mit Marmelade.	☐	☐
2.		
a) Die Frau hat in der Früh nicht viel Zeit.	☐	☐
b) Sie frühstückt um 6:30 Uhr.	☐	☐
3.		
a) Das Kind kauft in der Schule ein Käseweckerl.	☐	☐
b) Das Kind frühstückt zu Hause.	☐	☐

b Schreiben Sie die Sätze mit *essen* und *nehmen*.

1. essen / ich / eine Semmel mit Marmelade /. — *1. Ich esse eine Semmel mit Marmelade.*
2. nehmen / was / du / ?
3. ein Käseweckerl / nehmen / ich /.
4. Marga / in der Früh / essen / ein Müsli /.
5. essen / du / in der Früh / was / ?
6. Mia und Markus / zum Frühstück / Semmel / essen /.
7. Markus / ein Ei / zum Frühstück / essen /.
8. nehmen / ihr / einen Apfelkuchen / ?

8 Aussprache

Hören Sie und markieren Sie den Wortakzent in den Komposita.

1. Ich trinke gerne Apfelsaft.
2. Anna isst Kartoffeln zum Abendessen.
3. Beate und Jan essen gerne Gemüsereis.
4. Möchtest du ein Butterbrot?
5. Ich möchte einen Kartoffelsalat.
6. Ich hätte gerne ein Mineralwasser.

9 Was isst du gerne?

a Ergänzen Sie die Formen von *mögen*.

A
● Was __mögen__ Anna und Carlos? Sie kommen morgen zum Essen.
○ Ah, ja. Also, Anna _____ Fleisch und Gemüse. Carlos isst gerne Fisch.

B
● Hallo Ron, heute Abend koche ich. _____ du Kartoffelsalat?
○ Ja, Kartoffelsalat _____ ich sehr!

C
● Kinder, _____ ihr Apfelkuchen?
○ Klar, wir _____ Apfelkuchen sehr!

ÜBUNGEN 6

b Lesen Sie das E-Mail und kreuzen Sie an: richtig oder falsch?

Hallo Eleni,

am Samstag mache ich eine Party und koche. Alle aus dem Deutschkurs kommen. Aber ich habe ein Problem. Was esst ihr gerne? Was mögt ihr nicht?
Ben mag kein Fleisch. Er mag auch keinen Salat. Und Oliver isst gerne Bananen und Äpfel, aber er mag keine Tomaten. Und du? Was magst du gerne? Was isst du nicht? Bitte schnell antworten! Morgen kaufe ich ein.

Viele Grüße

Dana

	R	F
1. Dana lädt die Kursteilnehmer ein.	☐	☐
2. Oliver mag Obst.	☐	☐
3. Eleni und Dana kaufen am Samstag ein.	☐	☐

LEICHTER LERNEN

Wörter in Gruppen lernen

a Ordnen Sie die Wörter aus dem Bild in Gruppen. Kennen Sie andere Wörter für Ihre Gruppen?

Obst: Apfel, Banane, ...
Mengen: Liter, ...

b Finden Sie Wörter zu diesen Gruppen.

Zeit   Dinge im Kursraum   Hobbys / Freizeit

RICHTIG SCHREIBEN

🎧 2.45   *i* oder *ü*? Hören Sie und ergänzen Sie.

_I_ch fr_ü_hst__cke __m B__ro.   Zum Fr__hst__ck tr__nken w__r Kaffee m__t M__lch.

S__na __sst sehr gerne Gem__se.   F__ndest du den Nacht__sch auch fantast__sch?

Am M__ttwoch fr__h __sst sie ein M__sl__.   Das K__lo Zucch__n__ kostet v__er Euro.

Mein Deutsch nach Kapitel 6

Das kann ich:

Lebensmittel: Vorlieben nennen

Fragen Sie.
- Was isst du gerne?
- Ich esse gerne …
- Was magst du nicht?
- … mag ich nicht. Und … auch nicht.

Einkaufsgespräche führen

Spielen Sie.
- Was möchten Sie?
- Ich h … gerne …
- Noch etwas?
- Ja, …

eine Einladung schreiben

Hallo, Mika, kommst du … Ich …

Schreiben Sie eine Einladung.

Dienstag, um 20 Uhr,
zum Abendessen, Spaghetti

Komplimente machen

Spielen Sie Dialoge.
- Der Salat schmeckt …
- Ich finde …

über Essgewohnheiten sprechen

Sprechen Sie.

Bei uns … / Wir essen …
Bei uns isst man zum Frühstück … / Wir trinken …

www → A1/K6

Das kenne ich:

Verben mit Akkusativ

haben, kochen, machen, finden, essen, trinken, mögen …

Akkusativformen: Artikel und Nomen

Die Artikel *das* und *die* sind im Nominativ und Akkusativ gleich.

	maskulin	neutrum	feminin	Plural
	den Salat	das Brot	die Suppe	die Tomaten
ich mag	einen Salat	ein Brot	eine Suppe	– Tomaten
	keinen Salat	kein Brot	keine Suppe	keine Tomaten

Verbformen

	mögen	nehmen
ich	mag	nehme
du	magst	nimmst
er/es/sie	mag	nimmt
wir	mögen	nehmen
ihr	mögt	nehmt
sie/Sie	mögen	nehmen

HALTESTELLE

1 Sprechen, schreiben …

a Wählen Sie eine Situation aus und schreiben Sie einen Dialog.

A
die neue Kollegin

B
die Anmeldung

C
Mein Computer ist kaputt.

D
Ich möchte …

E
Hallo, wie geht's?

F
Ich hätte gerne …

b Spielen Sie den Dialog. Die anderen raten: Welche Situation ist das?

2 Sprechtraining

Wählen Sie zu zweit einen Dialog. Gehen Sie weit auseinander (4 m). Sprechen Sie den Dialog sehr laut. Die anderen sprechen gleichzeitig ihre Dialoge.

> Was hätten Sie gerne?
> 10 Deka Käse, bitte.
> 10 Deka = 100 Gramm

> Guten Tag, mein Name ist Puente. Ich bin neu hier.
> Herzlich willkommen, Herr Puente!

Dialog 1
- Was hätten Sie gerne?
- 10 Deka Käse, bitte.
- Wie viel, bitte?
- 10 Deka.
- Sonst noch etwas?
- Nein danke, das ist alles.

Dialog 2
- Guten Tag, mein Name ist Puente. Ich bin neu hier.
- Herzlich willkommen, Herr Puente!
- Danke schön!
- Sie sprechen aber gut Deutsch!
- Vielen Dank.

Dialog 3
- Hallo, wie geht's?
- Danke gut, und dir?
- Auch gut. Was machst du?
- Ich koche, und du?
- Ich frühstücke.
- So spät?
- Spät? Hier ist es sieben Uhr!

3 Spielen und wiederholen

a Mein Tag – Schreiben Sie mit den Verben sechs Sätze: Vier Aussagen stimmen und zwei sind falsch.

aufstehen • frühstücken • einkaufen • kochen • fernsehen • ausgehen

Ich stehe um sechs Uhr auf. Ich frühstücke nie.

b Tauschen Sie die Sätze. Fragen und antworten Sie. Wer zuerst zwei falsche Aussagen findet, gewinnt.

> Du stehst um sechs Uhr auf – das ist falsch, oder?

> Nein, das ist richtig.

> Du frühstückst nie – das ist falsch, oder?

> Ja, das ist falsch. Jetzt ich: Du …

4 Kennen Sie D-A-CH?

a Lesen Sie. Welche Spezialitäten kennen Sie? Welche mögen Sie?

2 Hier in Berlin ist *Currywurst* eine Spezialität. Ich mag keine Wurst, aber ich esse gerne Döner. Das kann man hier auch überall kaufen.
Aylin Göz, Berlin

4 Wir Wiener lieben den *Kaiserschmarren*. Das ist eine süße Mehlspeise. Natürlich haben wir auch viele Kaffeespezialitäten, die passen wunderbar zu den österreichischen Süßspeisen!
Wolfgang Leitner, Wien

3 *Tiroler Speckknödel* esse ich am liebsten in der Suppe. Man kann die Knödel aber auch mit Kraut essen. Das mag ich nicht so gern.
Peter Sallner, Innsbruck

5 Käse ist ein wichtiges Produkt in Vorarlberg. Besonders gut schmeckt Bergkäse mit Knöpfle: *Vorarlberger Käsknöpfle* mit Zwiebelringen – die muss man selber machen.
Julia Muther, aus dem Montafon

1 Mein Lieblingsessen sind *Salzburger Nockerl*. Sie bestehen aus Eiern, Zucker und Mehl – und Luft! Meine Mutter macht sie immer für mich.
Luise Pfanner, Salzburg

6 In der Schweiz isst man oft *Rösti*, das macht man mit Kartoffeln und Ei. Aber viele Schweizer essen gerne auch mal exotisch. Wir haben hier viele indische und chinesische Restaurants.
Sabine Ogi, Winterthur

b Ordnen Sie die Texte den Fotos zu.

c Schreiben Sie einen Text wie in 1–6.

In ... isst man gerne ...
Aber viele ... essen auch gerne ...

TESTTRAINING

HALTESTELLE **C**

1 Hören

Lesen Sie die Aufgaben. Hören Sie dann die Texte.

→ Lesen Sie die Fragen und die Antworten genau. 😊
→ Markieren Sie schon beim ersten Hören die Antwort.
→ Probleme? Machen Sie zuerst ein Fragezeichen (?).
→ Kreuzen Sie am Ende immer etwas an.

🎧 2.46 Kreuzen Sie an: Richtig oder Falsch.
Sie hören die Texte zweimal.

Situation 1: Sie rufen beim Arzt an.   Richtig   Falsch
Der Arzt ist heute nicht da.

Situation 2: Sie haben eine Nachricht auf Ihrem Handy.   Richtig   Falsch
Sie können das Buch morgen von 9 bis 20 Uhr holen.

Situation 3: Sie sind im Gemüsegeschäft.   Richtig   Falsch
Ein Kilo Bananen kostet 1,39.

Situation 4: Sie warten auf den Bus Nr. 12.   Richtig   Falsch
Ihr Bus hat Verspätung.

2 Hören

Lesen Sie die Aufgaben. Hören Sie dann die Texte.

🎧 2.47 Kreuzen Sie an: a oder b.
Sie hören die Texte zweimal.

Text 1 Wie lautet Ihre Handynummer? Meine Handynummer ist ....
   (a) 0650 2932445   (b) 0650 2832444

Text 2 Wie viel kostet das Wörterbuch? Es kostet .... Euro.
   (a) 19,–   (b) 25,–

Text 3 Wann machst du Urlaub? Vom ....
   (a) 2.4 – 10.4.   (b) 4.2 – 10.2.

Text 4 Wie lange fährt der Bus von Wien nach St. Pölten? Er fährt ....
   (a) ca. 1 Stunde   (b) ca. 2 Stunden

Text 5 Wann ist die Party? Am ....
   (a) 31. August   (b) 13. August

3 Sprechen

Ich heiße …

Buchstabieren Sie bitte Ihren Vornamen.

Und wie ist Ihre Postleitzahl, bitte?

Tut mir leid, das weiß ich nicht.

Dann sagen Sie bitte Ihre Telefonnummer.

 Diese Aufgabe können Sie gut trainieren.
→ Üben Sie zu Hause vor dem Spiegel.
→ Haben Sie ein Smartphone?
   Nehmen Sie sich auf.
Sie dürfen in der Prüfung Fehler machen!

🎧 2.48 **a** Sich vorstellen – Ordnen Sie zu und hören Sie zur Kontrolle.

1. Name?
2. Alter?
3. Land?
4. Wohnort?
5. Sprachen?
6. Beruf?
7. Hobby?

__3__ Ich komme aus Italien.
__4__ Jetzt wohne ich in Villach.
__1__ Ich heiße Marietta Grassi. / Mein Name ist Marietta Grassi.
__7__ Meine Hobbys sind Radfahren und Lesen.
__6__ Ich bin Schauspielerin von Beruf.
__2__ Ich bin 33 Jahre alt.
__5__ Ich spreche Italienisch, Englisch und ein bisschen Deutsch.

b Stellen Sie sich vor. Schreiben Sie. Ersetzen Sie die markierten Informationen.

c Stellen Sie sich vor. Nehmen Sie zuerst die ganzen Sätze aus 2a, dann nur die Stichworte 1. bis 7.

d Üben Sie Buchstabieren und die Zahlen. Fragen und antworten Sie.

Buchstabieren Sie bitte Ihren Vornamen. M-A-…

Buchstabieren Sie bitte Ihren Familiennamen. G-R-…

Buchstabieren Sie bitte Ihre Straße. …

Wie ist Ihre Postleitzahl? …

Wie ist Ihre Telefonnummer? …

Meine Familie und ich 7

[Photos: Lena, Andreas, Jonas, Anna, Hans, Marianne; Ines und Michael; Dieter]

1 Meine Familie

a Welche Wörter kennen Sie schon? Suchen Sie neue Wörter im Wörterbuch.

die Mutter • der Vater • die Tochter • der Sohn • die Oma • der Opa • der Bruder • die Schwester • die Tante • der Onkel • die Eltern • die Kinder • die Geschwister • die Großeltern

♪ 2.49 **b** Hören Sie die Wörter und markieren Sie: _ lang oder • kurz? Sprechen Sie dann nach.

🎧 2.50 **c** Lena zeigt Sara Familienfotos. Hören Sie das Gespräch und kreuzen Sie an: richtig oder falsch?

	R	F
1. Mein Sohn Jonas findet Familienfeste gut.	☐	☐
2. Mein Großvater spielt am Sonntag immer Schach.	☐	☐
3. Meine Geschwister heißen Marianne und Hans.	☐	☐
4. Mein Bruder Michael ist nicht verheiratet.	☐	☐
5. Er wohnt in Graz.	☐	☐

d Und Ihre Familie? Sprechen Sie. ◁ Mein Vater heißt … ▷ ◁ Meine Schwester wohnt in … ▷

Lernziele
Sprechen über die eigene Familie sprechen; Angaben zum Familienstand machen; sagen, was ich mag / nicht mag; sagen, was ich tun kann / tun muss; Smalltalk machen; um Hilfe bitten | **Hören** eine Terminvereinbarung | **Schreiben** über ein Fest | **Lesen** eine Familien-Homepage; E-Mails; Planung eines Fests; Berichte über eine Feier | **Beruf** ein Fest in der Firma planen

2 Lenas Homepage

a Wer ist auf der Homepage? Kreuzen Sie an.

☐ Lenas Kinder ☐ Lenas Eltern ☐ Lenas Geschwister ☐ Lenas Großeltern

> Lenas Homepage = die Homepage **von** Lena

www.familie_baumgartner.at

Herzlich willkommen bei Familie Baumgartner!

Herzlich willkommen   Unsere Feste   Fotos   Kontakt

Jonas, mein Sohn
sein Lieblingsessen: Fisch und Spinat
sein bester Freund: der Laptop
seine Lieblingsmusik: Hip-Hop
sein Lieblingsfilm: X-Men

Anna, meine Tochter
ihr Lieblingsessen: Eis
ihre Hobbys: Spielen und Reiten
ihre Lieblingsfarbe: rosa
ihr Lieblingsbuch: Die kleine Hexe

Andreas, mein Mann
⚭ natürlich verheiratet ☺
sein Beruf: Journalist
seine Kinder: toll ☺
seine Lieblingsfarbe: grün

ich, Lena
mein Beruf: Partys organisieren
meine Hobbys: Partys und Ausschlafen ☺
meine Lieblingsmusik: Rock
mein Lieblingsessen: Salat

Michael, mein Bruder
ledig und Single
sein Wunsch: eine Freundin
seine Hobbys: Tanzen und Musik machen – bei der Firmenfeier ist er der DJ ☺! Michaels Homepage

Ines, meine Schwester
geschieden, aber wieder verliebt und sehr glücklich
ihr Beruf: Architektin
ihre Lieblingsmusik: Metal

b Wer ist das? Antworten Sie.

1. Er ist Journalist.
2. Sie hört gerne Metal.
3. Sie schläft gerne lang.
4. Sie mag rosa.
5. Er sucht eine Freundin.
6. Er spielt viel am Computer.

> Nummer 1 ist Andreas. Er ist Journalist.

c Lesen Sie die Homepage noch einmal und ergänzen Sie die Tabelle.

FOKUS   Possessivartikel *sein, ihr*

	ich	er	sie
der Beruf	mein Beruf	Andreas: _sein_ Beruf	Ines: _ihr_ Beruf
das Lieblingsessen	mein Lieblingsessen	Jonas: .... Lieblingsessen	Anna: .... Lieblingsessen
die Lieblingsmusik	mein**e** Lieblingsmusik	Jonas: .... Lieblingsmusik	Ines: .... Lieblingsmusik
die Hobbys (Pl.)	meine Hobbys	Michael: .... Hobbys	Anna: .... Hobbys

d Jonas und sein ... – Kombinieren und sprechen Sie.

Jonas, Andreas, Michael, Anna, Lena, Ines

der Freund, der Computer, der Beruf, das Lieblingsessen, das Smartphone, die Musik, die Freundin, die Hobbys, die Kinder

> Jonas und sein Freund
> Lena und ihre Hobbys

7

3 Fehler auf Lenas Homepage

a Die Familienmitglieder korrigieren Lenas Homepage. Was passt zu wem? Hören Sie und ordnen Sie zu. 🎧 2.51–52

Jonas   Andreas   Michael   Anna   Lena   Ines

Ihre Lieblingsfarbe ist lila.	*Anna*	Sein Hobby ist Fernsehen.	*Michael*
Ihr Lieblingsessen sind Pommes.	*Lena*	Sein Freund heißt Dennis.	*Jonas*
Seine Lieblingsfarbe ist blau.	*Andreas*	Ihr Beruf ist Taxifahrerin.	*Ines*

b Schreiben Sie Zettel wie im Beispiel. Eine Person liest die Sätze ohne Namen vor. Die anderen raten.

Die Farben: **gelb blau rot rosa lila orange grün braun schwarz weiß**

> Sein Lieblingsessen ist Steak, seine Lieblingsfarbe ist orange, sein Hobby ist Joggen.

Milan:
Mein Lieblingsessen ist Steak,
meine Lieblingsfarbe ist orange,
mein Hobby ist Joggen.

< Das ist Roberto! >   < Das stimmt nicht. >   < Das ist Milan! >   < Das stimmt! >

4 Ich-Laut und ach-Laut

a Hören Sie zu und achten Sie auf die Aussprache von *ch*. Sprechen Sie die Wörter. 🎵 2.53

To**ch**ter – Tö**ch**ter
a**ch** – i**ch**
Bu**ch** – Bü**ch**er
Spra**ch**e – spre**ch**en

b Bilden Sie mit den Wörtern Sätze.

< Ich möchte einen Kuchen. >   < Ich auch. >

< Das sind Michael und Jochen. >

Frau Bachler	Jochen	Michael	Nachmittag
Kuchen	Nacht	Bücher	sprechen
auch	nach acht	möchte	Österreich

UND SIE?

a Sammeln Sie Fragen.

Bist du verheiratet/ledig/geschieden?
Wie viele Geschwister hast du?
Wie heißen deine Kinder?
Was isst dein Sohn / deine Tochter gerne? …

b Machen Sie Interviews.

c Stellen Sie die Familie von Ihrem Partner / Ihrer Partnerin vor.

> Manjiri ist verheiratet. Ihr Sohn heißt Raju. Er isst gerne Currys. Manjiri hat auch eine Tochter. Ihre Lieblingsfarbe ist gelb. Ihre Eltern lesen gerne …

neunundneunzig **99**

5 Ich muss das Fest vorbereiten …

a Lesen Sie. Was ist das Problem?

> **von:** lena@partyservice-fein.com
> Hallo Ron, am Samstag ist die Firmenfeier!
> Kannst du am Freitagnachmittag die Räume vorbereiten? Ich habe leider keine Zeit.
> Ich muss Anna vom Kindergarten abholen.
>
> **von:** ron@partyservice-fein.com
> Hallo Lena, am Freitag kann ich leider nicht kommen. Ich habe auch einen Termin.
> Aber am Samstagvormittag habe ich Zeit.
>
> **von:** lena@partyservice-fein.com
> Das ist zu spät! Ich frage Andreas, vielleicht kann er Anna abholen.

Andreas, kannst du am Freitag Anna abholen?

Leider nein, ich muss zum Arzt gehen.

Ach ja, stimmt. Ich frage meine Eltern, vielleicht können sie Anna abholen.

b Lesen Sie noch einmal und kreuzen Sie an: richtig oder falsch?

	R	F
1. Die Räume sind schon fertig.		x
2. Ron hat am Freitagnachmittag keine Zeit.	x	
3. Andreas hat einen Arzttermin.	x	
4. Andreas fragt seine Eltern.		x

🎧 2.54 **c** Hören Sie das Telefongespräch und ergänzen Sie die Informationen.

● Mama, könnt ihr Anna _am Freitag_ vom Kindergarten abholen?

○ Kein Problem. Um wie viel Uhr?

● Um _drei Uhr_ müsst ihr dort sein. Ich kann sie dann um 6 Uhr abholen.

○ Kann sie nicht zum Abendessen bleiben?

● Gerne! Dann komme ich _um sieben Uhr_.

d Lesen Sie die Texte und das Telefongespräch noch einmal und ergänzen Sie die Tabelle.

FOKUS Modalverben

	können	müssen	
ich	_kann_	....	**können** — Ich habe Zeit. Ich **kann** Anna abholen.
du	_k............_	_musst_	
er/es/sie	....	_muss_	**müssen** — Ich habe einen Termin. Ich **muss** zum Arzt gehen.
wir	können	müssen	
ihr	....	....	
sie/Sie	können	müssen	

e Wer kann was machen? Wer muss was machen? Ergänzen Sie und vergleichen Sie im Kurs.

1. Lena muss _das Fest_ vorbereiten.
2. Ron kann am _Freitag_ nicht kommen.
3. Andreas muss zum _Arzt_ gehen.
4. Lenas Eltern können _Anna_ abholen.

6 Lena im Stress

a Was fehlt noch für die Firmenfeier? Lesen Sie und kreuzen Sie an.

[x] die Torte [ ] die Getränke [ ] das Essen [x] die Musik [x] die Blumen

---

Betreff: Firmenfeier

Liebe Kolleginnen und Kollegen,

am Samstag ist die Firmenfeier und wir müssen noch viel organisieren!
Ich kann am Freitag die Räume vorbereiten. Wer kann noch mitmachen?
Jemand muss eine Torte backen. Vielleicht kann Sara das machen? Bitte, bitte! Deine Torten sind immer sooooo gut ☺! Essen und Getränke haben wir ja schon hier, wir müssen sie nicht kaufen. Aber wir brauchen Blumen für die Chefin! Wer kann einen Blumenstrauß kaufen?
Die CDs kann mein Bruder Michael mitbringen. Er ist der DJ. Und wer kann am Montag die Tische und die Sessel wegräumen?
Bitte bis 17 Uhr antworten.

Viele Grüße
Lena

---

b Markieren Sie im E-Mail die Sätze mit *können* und *müssen*. Schreiben Sie noch zwei Sätze mit *können* und *müssen* in den Kasten.

FOKUS Satzklammer mit Modalverben

	Modalverb: Position 2		Infinitiv: Ende
Wir	müssen	noch viel	organisieren.
Ich	kann	am Freitag die Räume	vorbereiten.
Ich	kann	dir	helfen.
	Kannst	du mir	helfen?
Du	musst	nach Hause	gehen.

c Wer macht was? Schreiben Sie die Antworten von Lenas Kollegen.

Sara: die Torte – backen – ich – kann   Lisa: kann – kaufen – ich – die Blumen
Stefan und Katrin: können – wir – vorbereiten – die Räume

UND SIE?

Fragen Sie und antworten Sie.

Kannst du …?
die Kinder abholen • einkaufen •
einen Kuchen backen •
die Wäsche waschen •
meinen Computer reparieren • …

Ich muss …
Deutsch lernen • arbeiten • kochen •
die Hausübungen machen •
zum Arzt gehen • ein Fest vorbereiten •
eine E-Mail schreiben • …

– Fatma, kannst du einen Kuchen backen?
– Nein, ich muss Deutsch lernen.
– Kannst du …

7 Gespräche auf der Firmenfeier

a Hören Sie. Über welche Themen sprechen die Personen? Welches Foto passt? Notieren Sie.

Musik 4 D   Essen 3 C   Wohnen 2 A   Personen 1 B

b Hören Sie noch einmal und ordnen Sie zu.

1. Na, Lena, wie geht's?
2. Sind Sie auch ein Kollege von Lena?
3. Kann ich noch ein Stück Torte haben? Sie schmeckt sehr gut.
4. Das ist mein Lieblingslied! Komm, wir tanzen!

a) Ja! Die Musik ist toll! 4
b) Nein, ich bin ihr Mann! 2
c) Na klar! 3
d) Ach, es geht so.

8 Das Fest war super!

a Lesen Sie. Wie war das Fest für die drei? Kreuzen Sie an: ☺ sehr schön, 😐 es geht, ☹ schrecklich.

Lena ☺   Jonas ☹   Michael ☺

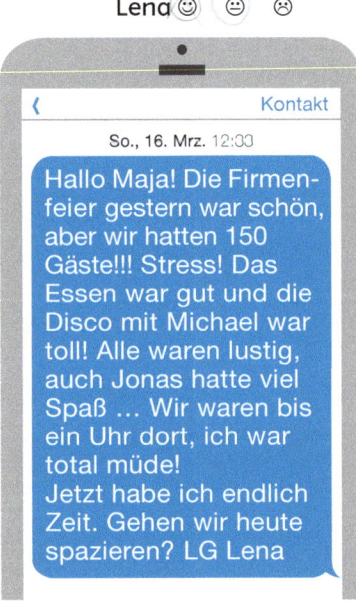

Hallo Maja! Die Firmenfeier gestern war schön, aber wir hatten 150 Gäste!!! Stress! Das Essen war gut und die Disco mit Michael war toll! Alle waren lustig, auch Jonas hatte viel Spaß … Wir waren bis ein Uhr dort, ich war total müde!
Jetzt habe ich endlich Zeit. Gehen wir heute spazieren? LG Lena

Hi!
Es war sooo langweilig! Und ich hatte ganz viel Hunger, aber die Torte war sofort weg! Und die Musik war auch nicht gut … Kommst du heute? Dann können wir meine Musik hören …
Jonas

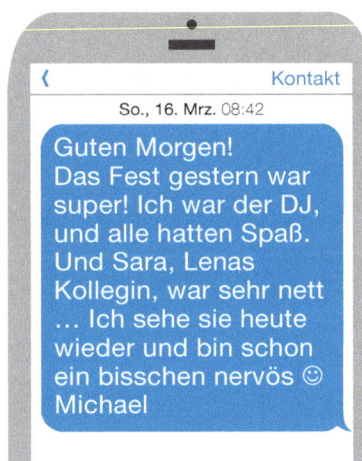

Guten Morgen! Das Fest gestern war super! Ich war der DJ, und alle hatten Spaß. Und Sara, Lenas Kollegin, war sehr nett … Ich sehe sie heute wieder und bin schon ein bisschen nervös ☺
Michael

b Lesen Sie die Tabelle und markieren Sie die Verbformen im Text. Was war gestern, was ist heute?

Heute können wir meine Musik hören.

Gestern war es langweilig.

Präteritum von *sein* und *haben* (G)

	sein	haben
ich	war	hatte
du	warst	hattest
er/es/sie	war	hatte
wir	waren	hatten
ihr	wart	hattet
sie/Sie	waren	hatten

c Ergänzen Sie die richtigen Formen von *sein* und *haben* im Präteritum.

Liebe Lena,

das Klassentreffen gestern __war__ auch super! Und du _____ nicht da, schade! Wir _____ auch Gäste: Ein paar Lehrerinnen _____ da. Sie _____ früher immer so streng, aber gestern _____ sie sehr nett. Wir _____ viel Spaß. Wir _____ auch einen DJ und seine Musik _____ toll. Ach, und Hannes _____ auch da. Viele Grüße! _____ ihr nicht ein Paar? Ihr _____ so verliebt! Jetzt ist er ... – ach, das erzähle ich gleich! Spazieren gehen – gerne! Hast du um 15:00 Uhr Zeit?
Maja

d Sie hatten ein Fest. Wie war es? Schreiben Sie.

Mein/Das Fest • Wir • Alle • Das Essen • Die Gäste • Die Musik • Die Chefin/Lehrerin • ...

war... • hatt...

schön • viele Gäste • tolle Musik • Spaß • sehr gut • lustig • sehr nett • nicht so gut • langweilig • ...

Das Fest war lustig. Wir ...

e Heute und gestern – A sagt einen Satz mit *heute* und B sagt dazu einen Satz mit *gestern*. Dann macht C weiter usw.

> Heute haben wir Unterricht. **A**

> **B** Gestern hatten wir auch Unterricht. Heute ist das Essen gut.

> Gestern war ... **C**

 K7 **VORHANG AUF**

Spielen Sie Szenen zu den Bildern.

ÜBUNGEN

1 Meine Familie

a Schreiben Sie die Wörter in die Tabelle. Ergänzen Sie die Formen im Plural. Die Wortliste hilft. Drei Wörter gibt es nur im Plural.

sohn|opatantegeschwisterbruderelternvatergroßelternmuttertochterschwesterkindonkeloma

der	das	die	nur Plural
der Sohn, die Söhne			

b Wörter lernen – Ordnen Sie die Wörter und machen Sie ein Lernplakat.

die Eltern: der Vater + die Mutter

die Großeltern:

mein Vater   meine Mutter
       ich
       meine Schwester

c Lenas Familie – Ergänzen Sie.

1. ● Das ist mein _Sohn_ Jonas und hier ist meine _____ Anna.
2. ○ Deine _____ sehen so nett aus! Und das da ist dein _____, oder?
3. ● Ja! Das ist Andreas.
4. ○ Ah ja. Und hier sind deine _____, oder?
5. ● Ja. Das ist Marianne, meine _____, und das ist Hans, mein _____.
6. ○ Hast du auch _____?
7. ● Ja. Mein _____ Michael ist DJ und hier auf dem Foto ist auch meine _____ Ines.

Lenas Familie:
Mann: Andreas
Kinder: Jonas, Anna
Eltern: Marianne und Hans
Geschwister: Michael, Ines

2 Lenas Homepage

a Was passt wo? Schreiben Sie die Wörter.

geschieden   verheiratet   ~~ledig~~   ~~Single~~   verliebt

ledig / Single   verliebt   verheiratet   geschieden

b Ergänzen Sie die Wörter aus 2a.

1. Lena und Andreas sind Frau und Mann. Sie sind _verheiratet_.
2. Ines ist nicht mehr verheiratet. Sie ist _geschieden_.
3. Aber Ines hat wieder einen Freund und ist sehr _verliebt_.
4. Michael ist noch nicht verheiratet. Er ist _ledig_.
5. Er hat auch keine Freundin. Er ist _Single_.

c Die Familien von Sara und Hans – Was passt: *sein(e)* oder *ihr(e)*? Unterstreichen Sie.

Das ist Sara. Sie ist ledig.

Seine/<u>Ihre</u> Eltern wohnen in Italien. Sein/<u>Ihr</u> Bruder wohnt auch in Österreich. Seine/<u>Ihre</u> Schwester ist verheiratet und hat zwei Kinder.

Das ist Hans. Er ist verheiratet.

Lena, Michael und Ines sind <u>seine</u>/ihre Kinder. <u>Sein</u>/Ihr Bruder Jakob wohnt in Tirol. <u>Seine</u>/Ihre Frau heißt Marianne.

d Zwei Schreibtische. Ergänzen Sie *sein(e)* und *ihr(e)*.

Das ist der Schreibtisch von Herrn Beck.

Da ist _sein_ Laptop, da ist _____ Schere und da ist _____ Handy.

Und da sind _____ Bleistifte.

Das ist der Schreibtisch von Frau Schwarzenbrunner.

Wo ist _ihr_ USB-Stick? Wo ist _____ Tablet? Und wo ist _____ Maus?

Wo sind _____ Kugelschreiber?

3 Fehler auf Lenas Homepage

a Diese Informationen fehlen auf Lenas Homepage. Schreiben Sie.

1. Jonas: Wunsch/Smartphone
   Jonas: Sein Wunsch ist ein Smartphone.
2. Anna: Lieblingsmusik/Hip-Hop
   ....
3. Andreas: Hobbys / Lesen und Essen
   ....
4. Lena: Freundin/Maja
   ....
5. Michael: Lieblingsessen/Torte
   ....
6. Ines: Lieblingsfarbe/rot
   ....

b Farben – Welche Farben haben die Sachen? Schreiben Sie.

Der Laptop ist weiß.
Die Tasse ....
....
....
....
....
....
....
....

🎧 2.59 **c** Andreas Lieblings… – Ordnen Sie zu. Hören Sie zur Kontrolle und schreiben Sie die Sätze.

1. Sein Lieblingsbuch ist
2. Sein Lieblingsessen ist
3. Sein Lieblingsfilm ist
4. Sein Lieblingsland ist
5. Sein Lieblingssport ist
6. Seine Lieblingstiere sind
7. Seine Lieblingsfarbe ist

a) Argentinien. 4
b) „007 Casino Royale". 3
c) Burenwurst. 2
d) Hunde. 6
e) Fußball. 5
f) blau. 7
g) „Harry Potter".

Sein Lieblingsbuch ist „Harry Potter".

d Und Sie? Was ist Ihr Lieblings…? Schreiben Sie.

Mein Lieblingsfilm ist …

4 Aussprache: ö, ü und ä

a Was hören Sie? Kreuzen Sie an.

1. ☐ o ☒ ö   5. ☐ u ☒ ü   9. ☐ a ☒ ä
2. ☒ o ☐ ö   6. ☒ u ☐ ü   10. ☒ a ☐ ä
3. ☒ o ☐ ö   7. ☒ u ☐ ü   11. ☐ a ☒ ä
4. ☐ o ☒ ö   8. ☐ u ☒ ü   12. ☐ a ☒ ä

b Hören Sie und markieren Sie: _ lang oder . kurz? Sprechen Sie nach.

1. Ich habe eine Tochter. Das ist schön.
2. Nur eine Tochter? Ich habe schon zwölf Töchter!
3. Das Brot ist köstlich. Ich möchte zwölf Brote.
4. Meine Mutter hat drei Brüder.
5. Die Gäste sind glücklich.
6. Ich wasche heute die Wäsche.

5 Ich muss das Fest vorbereiten …

Welches Modalverb ist richtig? Unterstreichen Sie.

1. ● Mama, muss/kann/können ich am Samstag Max besuchen?
2. ○ Am Samstag ist die Firmenfeier, da musst/kannst/können du auch kommen.
3. ● Kann/Muss/Müssen ich wirklich auch kommen?
4. ○ Ja. Es gibt Spiele für die Kinder. Anna und du, ihr müsst/müssen/könnt mitmachen.
5. ● Ich finde Spiele aber langweilig. Können/Müssen/Müsst wir nicht etwas anderes machen?
6. ○ Nein, das geht nicht. Und ihr kannst/könnt/müsst beide auch kommen. Du musst/kannst/kann Max am Sonntag besuchen.
7. ● Okay, danke! Dann muss/müssen/können wir endlich zusammen Computerspiele spielen!

6 Lena im Stress

a Ergänzen Sie können oder müssen.

1. Wir brauchen hier noch Sessel! Wer ……*kann*…… Sessel holen?
2. Sara, ……………………… du deine Torte bitte schon schneiden?
3. Michael, ich ……………………… jetzt nicht kommen. Du ……………………… Stefan fragen.
4. Lisa, wo sind die Blumen? ……………………… du die noch kaufen? Dann aber schnell!
5. Andreas und Ines, ……………………… ihr die Getränke holen?
6. Da kommt schon die Chefin! Wir ……………………… sie begrüßen!

kann • ~~keine~~ • kannst • kannst • könnt • musst • müssen

b Nach der Firmenfeier – Was müssen die Personen machen? Schreiben Sie Sätze.

1. müssen / Stefan und Kathrin / die Sessel / wegräumen
   Stefan und Kathrin müssen die Sessel wegräumen.
2. Michael / müssen / wegräumen / die CDs
   Michael muss die CDs wegräumen.
3. wir / die Gläser / müssen / waschen
   Wir müssen die Gläser waschen.
4. ich / die Spiele / wegräumen / müssen
   Ich muss die Spiele wegräumen.

c Welches Verb passt nicht?

1. ein Fest — vorbereiten, organisieren, machen, ~~kaufen~~
2. ein E-Mail — schreiben, korrigieren, ~~sprechen~~, lesen
3. einen Kuchen — mitbringen, ~~mitmachen~~, kaufen, backen
4. einen Termin — haben, ~~machen~~, notieren, ~~gehen~~
5. CDs — ~~tanzen~~, mitbringen, kaufen, hören

d Schreiben Sie Sätze zu den Nomen und Verben aus 6c.

Lena muss das Fest organisieren.

7 Gespräche auf der Firmenfeier

a Welche Frage passt zu welchem Bild? Ordnen Sie zu.

A
B
C
D

1 Und, wie geht es dir?
2 Möchten Sie auch ein Glas Wein?
3 Das ist mein Mann.
4 Die Musik ist super!

🎧 2.62 **b** Welche Reaktion passt? Kreuzen Sie an. Hören Sie zur Kontrolle.

1. Und, wie geht es dir?
   a) Ja, das finde ich auch.
   b) Ach, ich habe viel Stress.

2. Möchten Sie auch ein Glas Wein?
   a) Ja, gerne.
   b) Die Torte ist köstlich, oder?

3. Das ist mein Mann.
   a) Der DJ ist super!
   b) Ah, das ist Ihr Mann? Hallo!

4. Die Musik ist super!
   a) Ja! Tanzen wir?
   b) Das ist meine Kollegin Lena.

8 Das Fest war super!

Saras Nachricht – Ergänzen Sie die Verbformen von *war* oder *hatte*.

Hi Lena,

das Fest gestern ...*war*... super! Anna .... so nett – sie ....

dreizehn Pizzas! Nur Jonas .... nicht so viel Spaß, oder?

Ich finde, die Musik .... toll! Und Michael .... so lustig!

Wir .... noch nie einen so tollen DJ, oder? Wir gehen heute zusammen tanzen ☺.

Dann bis Montag!

Liebe Grüße
Sara

LEICHTER LERNEN

Sprechen üben

a Schreiben und lesen Sie kleine Texte oder Dialoge vor. Üben Sie vor dem Spiegel.

> Hallo, ich heiße …

b Nehmen Sie sich mit dem Handy auf.

c Sprechen Sie Sätze auf Deutsch zuerst leise, dann laut.

Ich hätte gerne einen Tee.

Entschuldigung, ist hier frei?

in der Cafeteria

Ihre Kamera ist toll! Kann ich sie bitte ansehen?

in anderen Kursen:
Fotokurs, Nähkurs …

Ist Ihr Kind auch neu hier?

beim Elternabend im Kindergarten oder in der Schule

RICHTIG SCHREIBEN

🎧 2.63 **Vokale: *o* oder *ö*? Hören Sie und ergänzen Sie.**

1. Ich habe eine T_o_chter. Das ist sch_ö_n.
2. Nur eine T_o_chter? Ich habe zw_ö_lf T_ö_chter!
3. W_o_ ist dein S_o_hn? Er ist sch_o_n hier.
4. Die T_o_rte ist k_ö_stlich!
5. Wie viel k_o_sten die Brote?

Mein Deutsch nach Kapitel 7

Das kann ich:

sagen, was ich mag

Fragen und antworten Sie.

● Was ist deine Lieblingsfarbe?
○ … Und was ist deine Lieblingsfarbe?
● … Und was ist dein Lieblingsessen?
○ … Was sind deine Hobbys?
● …

über meine Familie sprechen

Sprechen Sie.

Ich bin … und habe … Kinder.
Meine Eltern wohnen in … Ich habe … Geschwister.

sagen, was ich tun kann und was ich tun muss

Fragen und antworten Sie.

● Kannst du …?
○ Tut mir leid, ich kann nicht, ich muss … Kannst du?
● …

über ein Fest schreiben

Schreiben Sie:

Fest: ☺☺   Musik: toll
Gäste: 200   Essen: sehr gut   www →A1/K7

Das kenne ich:

Possessivartikel

	ich	du	er/es	sie
der Beruf	mein	dein	sein	ihr
das Lieblingsessen	mein	dein	sein	ihr
die Lieblingsmusik	meine	deine	seine	ihre
die Hobbys (Pl.)	meine	deine	seine	ihre

Präteritum von *sein* und *haben*

	sein	haben
ich	war	hatte
du	warst	hattest
er/es/sie	war	hatte
wir	waren	hatten
ihr	wart	hattet
sie/Sie	waren	hatten

Modalverben

	können	müssen
ich	kann	muss
du	kannst	musst
er/es/sie	kann	muss
wir	können	müssen
ihr	könnt	müsst
sie/Sie	können	müssen

Ich habe Zeit. Ich **kann** Anna abholen.

Ich habe keine Zeit. Ich **muss** zum Arzt gehen.

Satzklammer: Modalverben

Position 1	Modalverb: Position 2		Infinitiv: Ende
Wir	(müssen)	noch viel	(vorbereiten).
Ich	(kann)	Anna vom Kindergarten	(abholen).

Der Balkon ist schön. 8

die Gastgeberin

der Gast / die Gäste

Do., 3. Apr. 13:39
Sonntag um halb vier? Wir sind zu Hause und Sie können die Wohnung ansehen.

1 Der Besuch

a Sehen Sie die Fotos an. Was denken Sie? Was möchten Selma und Markus?

das Auto von Lena kaufen • mit Lena und Andreas feiern • Lena und Andreas besuchen • mit Lena und Andreas essen • die Wohnung ansehen • einen Film sehen • grillen • die Kinder abholen • Lena und Andreas abholen

> Ich denke, sie möchten das Auto von Lena kaufen.

> Ich glaube nicht. Sie ...

🎧 2.64 **b** Hören Sie das Gespräch. Vergleichen Sie mit Ihren Antworten aus 1a.

c Hören Sie noch einmal. Wer sagt das: Gast (G) oder Gastgeber (GG)? Ordnen Sie zu.

1. Herzlich willkommen! _GG_
2. Ja, gerne! _G_
3. Die Blumen sind sehr schön, danke! _GG_
4. Hier, die Blumen sind für Lena. _G_
5. Wollen wir Du sagen? _GG_
6. Guten Tag. Vielen Dank für die Einladung. _G_
7. Kommen Sie bitte rein. _GG_

d Spielen Sie. Begrüßen Sie Gäste an der Wohnungstür.

Lernziele

Sprechen Gäste begrüßen; Wohnungen beschreiben; Willen/Absicht ausdrücken; sagen, was erlaubt und was verboten ist | **Hören** Gespräche bei der Wohnungsbesichtigung | **Schreiben** über die eigene Wohnung | **Lesen** Ratschläge zur Wohnungssuche; Wohnungsanzeigen; Informationen einer Hausordnung; Informationen zum Wohnen in Österreich

2 Vier Zimmer, Küche, Bad

a Wie heißen die Zimmer? Schreiben Sie.

~~das Wohnzimmer~~   ~~das Bad~~   ~~das Kinderzimmer~~   ~~die Küche~~   ~~das Schlafzimmer~~   ~~das Arbeitszimmer~~

A – das Kinderzimmer
B – die Küche
C – das Wohnzimmer
D – das Arbeitszimmer
E – das Schlafzimmer
F – das Bad / das Badezimmer

🎧 2.65 **b** Hören Sie. In welcher Reihenfolge zeigt Lena die Wohnung?

1. C   2. B   3. A   4. F   5. E   6. D

c Lesen Sie und hören Sie noch einmal. Was gibt es bei Lena und Andreas? Kreuzen Sie an und sprechen Sie.

[x] der Balkon   [ ] die Gästetoilette   [x] das Vorzimmer   [ ] der Garten   [x] der Keller   [ ] die Garage

– Es gibt einen Balkon.

d Wechselspiel – Fragen und antworten Sie.

Wohnung A
Küche ✓
Wohnzimmer ✓
Schlafzimmer ✓
Kinderzimmer ✓
Arbeitszimmer ✓
Badezimmer ✓
Gästetoilette
Garten
Keller ✓
Balkon
Vorzimmer ✓

Wohnung B
Küche ✓
Wohnzimmer ✓
Schlafzimmer ✓
Kinderzimmer ✓
Arbeitszimmer
Badezimmer ✓
Gästetoilette ✓
Garten ✓
Keller
Balkon
Vorzimmer ✓

– Gibt es einen Balkon?
– Ja, **es gibt** einen Balkon.
– **Gibt es** eine Gästetoilette?
– Nein, **es gibt keine** Gästetoilette.

G es gibt + Akkusativ

Es gibt einen Computer.

e Was gibt es in Ihrer Sprachschule, was gibt es nicht?
Schreiben Sie zehn Wörter auf Zettel.
Mischen Sie und ziehen Sie einen Zettel. Fragen und antworten Sie.

– Gibt es hier ein Kinderzimmer?
– Nein, es gibt kein Kinderzimmer.
– Gibt es eine Dusche?
– Gibt es ein Sofa?

3 Die Wohnung ist schön.

a Lesen Sie und schreiben Sie Sätze.

A: Die Küche ist neu und modern.

b Gegensätze – Lesen Sie den Dialog. Was denkt Markus? Ordnen Sie die Gedankenblasen zu.

1. ● Na, wie findet ihr die Wohnung?
   ○ Sie ist groß.
2. ● Ja, wir haben viel Platz.
   ○ Das Wohnzimmer ist sehr hell.
3. ● Und die Küche ist modern.
   ○ Ja, sie ist ganz neu.
4. ● Und das Schlafzimmer ist ruhig.
   ○ Also, ich finde die Wohnung schön. Noch eine Frage: Wie sind die Nachbarn?

A Aber das Vorzimmer ist dunkel.
B Ja. Aber der Balkon ist laut.
C Die Wohnung ist klein.
D Aber das Bad ist alt und unmodern.

Und wie hoch ist die Miete?

1.+C: Selma findet die Wohnung groß, aber Markus findet sie klein.

Lernen Sie Adjektive zusammen:
groß – klein, hell – dunkel …

c Sprechen Sie Kettensätze.

> Die Wohnung ist klein, aber hell. > Die Wohnung ist hell, aber laut. > Die Wohnung ist laut, aber …

UND SIE?

Sprechen Sie über Ihre Wohnung.

Meine Küche ist neu.

Meine Wohnung hat … Zimmer.
Es gibt ein Wohnzimmer …
Wir haben einen/keinen Balkon …
Das Bad ist …

4 Die Wohnung ist zu teuer.

🎧 2.66 **a** Hören Sie den Dialog. Nehmen Selma und Markus die Wohnung von Lena?

b Was sagt Markus? Hören Sie noch einmal: richtig oder falsch?

	R	F
1. Das Haus ist sehr alt.	●	○
2. Das Vorzimmer ist zu hell.	○	●
3. Das Bad ist zu dunkel.	○	●
4. Die Küche ist sehr modern.	○	●
5. Die Wohnung ist zu teuer.	●	○

c Was passt wo? Schreiben Sie Sätze zu den Bildern.

sehr schwer • sehr laut • sehr klein • zu schwer • zu laut • zu klein

1. Der Sessel ist sehr schwer.

5 Wer will was?

🎧 2.67 **a** Hören Sie weiter. Wer will das: Markus oder die Kinder?

1. *Markus* will nicht so viel Miete bezahlen.
2. *Die Kinder* wollen im Garten spielen.
3. ~~Ich~~ *Markus* will nachts ruhig schlafen.
4. *Markus* will nicht renovieren.
5. *Die Kinder* wollen im Sommer in Urlaub fahren.

G

wollen	
ich	will
du	willst
er/es/sie	will
wir	wollen
ihr	wollt
sie/Sie	wollen

b Markieren Sie in 5a die Verben. Ergänzen Sie die Tabelle.

G

FOKUS Modalverb wollen

	Modalverb: Position 2		Infinitiv: Ende
Markus	*will*	nicht so viel Miete	*bezahlen* .
Nachts		er ruhig	.
Die Kinder			.

c Und was wollen Sie? Sprechen Sie in der Gruppe und ergänzen Sie die Sätze. Erzählen Sie dann im Kurs.

— Ich will gut Deutsch sprechen. — Ich auch!

nicht viel Miete bezahlen • gut Deutsch sprechen • eine Familie haben • eine Arbeit finden • in Urlaub fahren • eine Pause machen • …

Eine Person will …
Zwei Personen wollen …
Drei wollen …
Wir alle wollen …

6 Selma fragt im Internet.

a Lesen Sie die Texte. Wo steht etwas zu 1–6? Notieren Sie den Buchstaben.

1. Heizung ...A... 2. Haustiere .... 3. Musik .... 4. Nebenkosten .... 5. Nachbarn .... 6. Balkon ....

Forum Wohnen — Suche

Wohnen in Österreich: Was ist wichtig?

Frage von Selma 19:56
Liebe Leute, wir wohnen noch nicht lange in Österreich.
Wir suchen eine Wohnung. Was ist wichtig?
Was müssen wir beachten? Wir haben zwei Kinder.

A Antwort von Rudi 20:03
Wollt ihr eine Wohnung mieten? Dann, ganz wichtig: Was kostet die Wohnung? Wie hoch sind die Nebenkosten?
Also, was müsst ihr im Monat für Heizung, Wasser und so weiter bezahlen?

B Antwort von Sternchen 20:09
Gute Nachbarn sind wichtig. Und gute Vermieter. Bei uns dürfen die Kinder im Hof spielen, aber sie dürfen nicht Skateboard fahren.
Wir dürfen den Kinderwagen im Gang abstellen, aber wir dürfen nicht auf dem Balkon grillen.

C Antwort von Tiger 20:56
Genau! Ich frage immer: Was ist verboten? Was ist erlaubt?
Bei uns im Haus darf man kein Haustier haben.
Ich darf nach 21:00 Uhr keine Musik machen.

b Was dürfen die Mieter, was dürfen sie nicht?
Lesen Sie das Internetforum noch einmal und ergänzen Sie die Sätze.

1. Die Kinder ...*dürfen*... im Hof ....
2. Der Mieter .... **kein** Haustier haben.
3. Nach 20.00 Uhr .... der Mieter **keine** Musik ....
4. Wir .... **nicht** auf dem Balkon ....
5. Die Kinder .... **nicht** Skateboard ....

Erlaubnis

ich	darf
du	darfst
er/es/sie	darf
wir	dürfen
ihr	dürft
sie/Sie	dürfen

🚫 Verbot:

Ich darf **nicht** rauchen.
Ich darf **kein** Haustier haben.

c Schilder – Was darf man hier, was darf man nicht? Sprechen Sie.

> Hier darf man keine Wäsche aufhängen.

UND SIE?

Was dürfen Sie im Deutschkurs, was dürfen Sie nicht? Sammeln Sie und erzählen Sie im Kurs.

> Wir dürfen Kaffee trinken.

> Wir dürfen im Deutschkurs nicht telefonieren.

7 Wohnen in Österreich

a Lesen Sie. Welche Überschrift passt wo?

1. **Wir suchen eine Wohnung.**
2. **Klein, aber fein**
3. **Besuch willkommen!**
4. **Zusammen wohnen für wenig Geld**

A ☐

„Unsere Wohnung ist sehr wichtig für uns", sagt Irene Lorenz. „Wir haben auch viel Besuch. Wir laden unsere Eltern und auch Freunde und Verwandte zu Kaffee und Kuchen oder zum Essen ein. Oft kommen meine Freundinnen und ihre Babys und Kinder." Familie Lorenz gibt viel Geld für die Miete aus – viele andere Österreicher auch.

B ☐

In Österreich gibt es auch Wohngemeinschaften (WGs). In einer WG wohnen Menschen zusammen. Die Menschen in einer WG sind oft jung, so wie Klaus, Miriam, Istefo, Helga und Özlem. Ihre Wohnung ist 128 m² groß. „Jeder hat sein Zimmer. Das Bad und die Küche benutzen wir zusammen". sagt Özlem. „Das ist nicht teuer", meint Helga, „und wir haben viel Spaß."

C ☐

Viele Leute in Österreich wohnen allein. So wie Branco Memic. „Ich arbeite den ganzen Tag. Abends will ich nur meine Ruhe haben. Meine Wohnung ist klein, aber nicht zu klein. Ich habe nicht viele Möbel und so finde ich sie perfekt", sagt er. „Und sie ist auch billig: Ich zahle nur 350 Euro Miete!"

D ☐

„Euer Balkon ist sehr schön, aber eure Wohnung ist zu klein! Das sagen unsere Freunde immer, und wir finden, sie haben recht!" erzählt Mario Brunner. Er, seine Frau und ihre vier Kinder haben nur eine 3-Zimmer-Wohnung. Wir suchen jetzt eine 5-Zimmer-Wohnung, aber das ist nicht leicht." Viele Wohnungen in der Stadt sind zu teuer. „Wir wollen nicht auf dem Land wohnen", sagt seine Frau. „Die Kinder gehen hier in die Schule und wir arbeiten hier."

b Lesen Sie die Texte noch einmal und kreuzen Sie an. Sind die Sätze 1–8 richtig oder falsch?

	R	F
1. Irene Lorenz lädt nicht gerne Leute ein.	☐	☐
2. Familie Lorenz bezahlt wenig für die Wohnung.	☐	☐
3. Viele junge Menschen wohnen in Österreich in einer WG.	☐	☐
4. Die Küche in einer WG benutzen alle.	☐	☐
5. Die Wohnung von Branco Memic ist zu groß.	☐	☐
6. Branco mag seine Wohnung.	☐	☐
7. Familie Brunner braucht eine 5-Zimmer-Wohnung.	☐	☐
8. Familie Brunner will in der Stadt wohnen.	☐	☐

G

Possessivartikel im Plural

	wir	ihr	sie
der Balkon	unser	euer	ihr
das Zimmer	unser	euer	ihr
die Wohnung	unsere	eure	ihre
die Terrassen	unsere	eure	ihre

UND SIE?

Wie wohnen die Menschen in anderen Ländern?

In ... sind die Wohnungen sehr groß.

In ... sind die Wohnungen ...
In ... gibt es ...
Viele Familien/Singles/Paare wohnen ...
Die Leute müssen ... bezahlen.
Auf dem Land kann/muss man ...
In der Stadt ...

8 Selma und Markus lesen Wohnungsanzeigen.

a Welche Anzeige passt zu welchem Foto? Lesen Sie die Wohnungsanzeigen und ordnen Sie zu.

1 Nachmieter gesucht! 2-Zimmer-Wohnung, 50 m² + Balkon Südseite, sonnig! Miete 530 €, Nebenkosten 170 €. ☎ 0160 259 7520

2 3 ZKB, Terrasse, Garten, 82 Quadratmeter. Garage. 825 € + NK 220 € Tel.: 0155 21 32 16

3 **5-Zi-WHG**, Größe: 128 m², Bad neu!, Toilette, Keller. Miete 1.449 € mtl. www.mietmich.at

♪ 2.68 **b** Markieren Sie die Zahlen in den Anzeigen. Hören Sie und sprechen Sie nach.

825 — achthundertfünfundzwanzig

1449 — eintausendvierhundertneunundvierzig

c Finden Sie die Abkürzungen in den Anzeigen.

3 Zimmer, Küche und Bad _3 ZKB_

Nebenkosten ....

5-Zimmer-Wohnung ....

Quadratmeter ....

monatlich ....

♪ 2.69 **d** Der Satzakzent bei Aufzählungen – Hören Sie zu und sprechen Sie nach.

Diese Wohnung hat 3 Zimmer, Küche und <u>Bad</u>. • Diese Wohnung hat einen Balkon, 2 Zimmer, ein Wohnzimmer und eine <u>Garage</u>. • Diese Wohnung hat ein Bad, eine Küche und eine <u>Terrasse</u>.

e Notieren Sie für jede Wohnung aus 8a die Informationen. Fragen und antworten Sie.

Wie viele Zimmer hat die Wohnung? • Wie hoch ist die Miete? • Wie hoch sind die Nebenkosten? • Wie groß ist die Wohnung? • Gibt es eine Garage / einen Balkon / …?

VORHANG AUF

a Wählen Sie ein Foto: A, B oder C. Zeichnen Sie einen Wohnungsgrundriss für die Personen.

b Stellen Sie die Wohnung im Kurs vor.

› Das ist eine Wohnung für vier Freundinnen. Ihre Wohnung ist sehr groß. Sie …

c Spielen Sie Wohnungsbesichtigung.

› Wie hoch ist die Miete?   › …

› Dürfen Kinder im Hof spielen?   › Gibt es einen Keller?   › Wo kann man parken?

ÜBUNGEN

1 Der Besuch

a Bilden Sie Wörter. Notieren Sie sie.

GAST ~~NUNG~~ GE ~~SEH~~ ~~WOH~~ BER ~~AN~~ ~~BLU~~ ~~LICH~~ ~~MEN~~ ~~EIN~~ ~~KOM~~ ~~LA~~ ~~EN~~ ~~WILL~~ ~~DUNG~~ ~~MEN~~ ~~HERZ~~ ~~EN~~ KOCH

1. die Einladung
2. Herzlich Willkommen
3. die Wohnung
4. ...
5. ...
6. ...
7. ...
8. ...

b Lesen Sie die Einladung. Ergänzen Sie die Verben.

gibt   machen   kommt   einladen   kochen

☺☺☺ Einladung ☺☺☺

Liebe Freunde!

Ich möchte euch herzlich (1) _einladen_:

am Samstag um sieben Uhr bei mir. (2) _Kommt_ ihr? Wir können

zusammen (3) _kochen_. Meine Küche ist sehr groß.

Es (4) _gibt_ viel Platz. Wir (5) _machen_ Pizza und Salat.

Bis Samstag

Roman

2 Vier Zimmer, Küche, Bad

🎧 2.70 **a** Hören Sie. Welche Zimmer sind das? Ordnen Sie zu.

1. _f_   a) das Wohnzimmer
2. _c_   b) das Bad
3. _e_   c) die Küche
4. _d_   d) das Kinderzimmer
5. _a_   e) das Arbeitszimmer
6. _b_   f) das Schlafzimmer

b Kennen Sie die Wörter? Ergänzen Sie die Buchstaben und den Artikel *der*, *das* oder *die*.

1. _der_ B a l k O n
2. _die_ Ga r a g e
3. _der_ Ga r t e n
4. _die_ Toi l e t t e
5. _der_ K e l l e r
6. _das_ V o r z i m m er
7. _die_ D u s c h e
8. _die_ W o h n u ng

ÜBUNGEN 8

c Gibt es …? Ergänzen Sie -e, -en oder —.

Gibt es …?	Ja, es gibt …	Nein, es gibt …
1. ein __en__ Balkon?	ein __en__ Balkon.	kein __en__ Balkon.
2. ein __—__ Bad?	ein __—__ Bad.	kein __—__ Bad.
3. ein __e__ Garage?	ein __e__ Garage.	kein __e__ Garage.
4. ein __en__ Keller?	ein __en__ Keller.	kein __en__ Keller.

d Was gibt es in dieser Wohnung? Was gibt es nicht? Schreiben Sie.

Es gibt …
ein Wohnzimmer, eine Terasse, eine Küche, zwei Kinderzimmer, ein Bad, ein Schlafzimmer, einen Garten

Es gibt …
keine Gästetoilette, keine Garage, keinen Balkon, keinen Keller, kein Arbeitszimmer, kein Vorzimmer,

3 Die Wohnung ist schön.

a Gegensätze – Ordnen Sie zu.

1. groß   a) alt
2. ruhig   b) klein
3. modern   c) dunkel
4. hell   d) laut
5. neu   e) unmodern

groß – klein

b Bilden Sie Sätze.

Kinderzimmer   Garten   Küche   Vorzimmer   alt   groß   klein   ruhig   dunkel
…   ~~Bad~~   Balkon   Garage   Wohnzimmer   laut   ~~modern~~   neu   hell   unmodern   …

Das Bad ist modern.

🎧 2.71 **c** Hören Sie und ergänzen Sie die Adjektive.

Meine Wohnung ist (1) _____ und (2) _____ . Sie hat vier Zimmer: ein Wohnzimmer,

ein Arbeitszimmer, ein Kinderzimmer und ein Schlafzimmer. Das Schlafzimmer ist (3) _____ .

Das Kinderzimmer ist aber (4) _____ . Die Küche ist (5) _____ und (6) _____ .

Dort koche ich gerne. Mein Arbeitszimmer ist (7) _____ . Nur das Vorzimmer ist (8) _____ .

d Schreiben Sie einen Text über Ihre Wohnung.

4 Die Wohnung ist zu teuer.

a Ergänzen Sie die Sätze mit *sehr* oder *zu*.

250.000 €   2.500 €

Das Haus ist _sehr alt_.
Das Glas ist _sehr groß_.
Die Straße ist _sehr laut_.
Das Haus ist _sehr teuer_.
Die Monitore sind _zu groß_. _zu teuer_.

b Lesen Sie den Dialog. Ergänzen Sie die Sätze.

Der Balkon ist zu klein.   Ich finde sie toll.
Die Küche ist unmodern.
950 € ist zu teuer.   Nein, lieber nicht.   Das Wohnzimmer ist groß.

● Wie findest du die Wohnung? ....
○ Ja, die Wohnung ist toll. Aber ....
● Zu teuer? Es gibt zwei Kinderzimmer und die Küche ist modern.
○ .... Sie ist viel zu klein.
● Und wie findest du das Wohnzimmer?
○ .... , aber ein bisschen dunkel.
● Und der Balkon?
○ ....
● Also willst du die Wohnung nicht?
○ .... Hier ist die Zeitung …

5 Wer will was?

a Ein Paar – Schreiben Sie Sätze.

Das will ER …

1. am Wochenende lange schlafen
2. Fußball sehen
3. essen gehen
4. im Garten grillen
5. …

Das will SIE …

1. am Wochenende einkaufen
2. einen Film sehen
3. zu Hause kochen
4. Freunde besuchen
5. …

1. Er will am Wochenende lange schlafen. Sie will …

b Was wollen Sie und Ihre Familie? Schreiben Sie.

Ich		im Garten arbeiten.
Meine Frau		einkaufen gehen.
Mein Mann		im Kinderzimmer spielen.
Die Kinder		einen Kuchen backen.
Die Kursteilnehmer	wollen	fernsehen.
Mein Chef		nicht so viel Miete bezahlen.
Meine Mutter		im Garten Fußball spielen.
Mein Vater		Freunde einladen.
Meine Tochter		…
Mein Sohn		
Wir		
…		

Ich will einen Kuchen backen.

6 Was darf man? Was darf man nicht?

a Schreiben Sie Sätze zu den Schildern.

A   B   C   D   E   F

A: Hier darf man grillen.

grillen • kein Eis essen • Fußball spielen • nicht telefonieren • Fahrrad fahren • kein Skateboard fahren

b Was dürfen die Mieter in anderen Ländern? Was dürfen sie nicht? Markieren Sie.

Land: _____

1. nach 20 Uhr die Musik laut machen
2. auf dem Balkon grillen
3. das Auto auf der Straße waschen
4. ein Haustier haben
5. die Wäsche auf dem Balkon aufhängen
6. abends laut Musik hören
7. _____
8. _____

c Schreiben Sie die Sätze aus 6b in die Tabelle.

Die Mieter	dürfen	nicht	auf dem Balkon	grillen.
Sie				

7 Wohnen in Österreich

a Lesen Sie. Ergänzen Sie die Wörter.

aus   Dusche   ~~geht~~   Grüße   toll   hat   groß   Miete   bezahle   wohne

Hallo Maria,

wie geht es dir? Mir (1) _geht_ es gut. Ich bin in Österreich. Ich (2) _____ in einer WG. Die WG ist (3) _____. Wir sind vier Leute: Sophia, Timo, Carmen und ich. Sie kommen (4) _____ Frankreich, Polen und Spanien. Die Wohnung (5) _____ vier Zimmer, eine Küche, ein Bad und eine Gästetoilette. Das Bad ist hell und hat eine (6) _____. Wir essen abends in der Küche. Sie ist (7) _____. Es gibt viel Platz. Ich koche gerne. Anna, Jean und Monica essen gerne ☺. Die (8) _____ ist nicht so teuer. Ich (9) _____ 250 €. Das ist okay.

Liebe (10) _____

Beata

b Yüksel Kartal erzählt. Schreiben Sie den Text.

meine|familie|ist|groß.|wirhabenfünfkinder.wirhaben
eineneuewohnung.diewohnunghatfünfzimmer:
einwohnzimmerdreikinderzimmereinschlafzimmer
einekücheundeinbad.dasbadhateineducheundeine
badewanne.dasbadisthellundneu.diewohnunghateinenbalkon.
derbalkonistgroßundhell.diewohnungistschön.sieistaberteuer.

Meine Familie ist groß. Wir ...

c Wie sieht die Wohnung aus? – Markieren Sie die Possessivartikel im Dialog und ergänzen Sie die Tabelle.

● Mario, wie sieht eure Wohnung aus?
○ Unser Wohnzimmer ist hell, unser Garten ist sehr ruhig und unsere Küche ist modern.
● Ist euer Schlafzimmer groß oder klein?
○ Unsere Zimmer sind klein. Und das Kinderzimmer ist zu klein.
● Habt ihr ein Kinderzimmer für eure vier Kinder zusammen?
○ Ja, leider. Sie und ihre Freunde können dort nicht spielen oder lernen.
● Und wo machen sie ihre Hausübungen?
○ Ihr Schreibtisch ist im Wohnzimmer. Aber ihre Schule gibt keine Hausübungen.

wir		ihr		sie (Plural)	
unser	Garten	_____	Balkon	_____	Schreibtisch
_____	Wohnzimmer	_euer_	Schlafzimmer	_____	Kinderzimmer
_____	Küche	_____	Wohnung	_ihre_	Schule
unsere	Schlafzimmer	_____	Kinder	_____	Freunde

8 Selma und Markus lesen Wohnungsanzeigen.

a Lesen Sie die Zahlen laut. Markieren Sie sie wie im Beispiel. Schreiben Sie dann die Ziffern.

1. ein|hundert|sechs|und|neunzig   _196_
2. fünfhundertsiebenundsiebzig   _____
3. zweihundertneunundneunzig   _____
4. eintausendsechshundertachtundsechzig   _____
5. viertausendzweihundertdreißig   _____
6. neuntausenddreiunddreißig   _____

ÜBUNGEN 8

🎧 2.72 **b** Welche Zahl hören Sie? Kreuzen Sie an.

1. ☐ 576   ☐ 657   5. ☐ 345   ☐ 354
2. ☐ 968   ☐ 986   6. ☐ 8601   ☐ 8106
3. ☐ 1423 ☐ 1324   7. ☐ 234   ☐ 342
4. ☐ 5681 ☐ 5861   8. ☐ 799   ☐ 719

c Ergänzen Sie den Wortigel.

....

die Nebenkosten ⟵ (eine Wohnung mieten) ⟶ ....

....

🚑 ... die Miete • der Mieter • die Nebenkosten • die Nachbarn • die Größe • der Vermieter ...

d Lesen Sie die Anzeige und schreiben Sie ein E-Mail über die Wohnung.

2 ZKB, 56 Quadratmeter.
Balkon, Garage.
M 525 € + NK 200 €
Tel.: 0150-212361.

> Liebe/Lieber …
> wie findest du die Wohnung / das Haus /…?
> Sie hat einen/ein/eine … Es gibt einen/ein/eine …
> Aber es gibt keinen/kein/keine …
> Sie/Es kostet … im Monat …. Die Nebenkosten sind …
> Was denkst du?
> Liebe/Viele Grüße

LEICHTER LERNEN

Mit Bewegung lernen

| Gehen Sie beim Lernen hin und her. | Machen Sie Bewegungspausen. | Seien Sie aktiv beim Lernen. | Bewegen Sie im Kurs Füße und Hände. |

RICHTIG SCHREIBEN

🎧 2.73 **a** Hören Sie *ch* oder *sch*? Kreuzen Sie an. Hören Sie noch einmal zur Kontrolle.

	(ch)	(sch)		(ch)	(sch)
1.	☐	☐	5.	☐	☐
2.	☐	☐	6.	☐	☐
3.	☐	☐	7.	☐	☐
4.	☐	☐	8.	☐	☐

🚑 Küche • wichtig • herzlich • ich • schreiben • schlafen • schön • Wäsche

🎧 2.74 **b** Hören Sie und ergänzen Sie *ch* oder *sch*.

lei _ch_ t • an........auen • herzli........ • ....lafzimmer • Ti........ •

se........zig • spre........en • wa........en • Italieni........ • ....reiben • ri........tig

Mein Deutsch nach Kapitel 8

Das kann ich:

Gäste begrüßen

👥 Sprechen Sie.

Gastgeber: Herzlich …!
Gast: … für die Einladung.
…

Wohnungen beschreiben

der Balkon   die Garage   die Toilette
   der Garten   …   der Keller

👥 Fragen und antworten Sie.

Gibt es einen/ein/eine …?
Ja, es gibt einen/ein/eine …
Nein, es gibt keinen/kein/keine …

über ein Zimmer oder eine Wohnung sprechen

👥 Sprechen Sie.

● Wie findest du das Zimmer?
○ Ich finde es …
● Ja, es ist …, aber nicht …

Willen/Absicht ausdrücken

Nils   fernsehen   die Eltern von Nils …
   eine Wohnung kaufen   ich … arbeiten
   meine Freundin   einkaufen

Wer will was? Schreiben Sie vier Sätze.

Ich will …

sagen, was erlaubt/verboten ist

Ich darf …   Ich darf nicht … 🚫

Was darf ein Mieter, was darf er nicht?
Schreiben Sie drei Sätze.

Ich darf keinen/kein/keine …   www → A1/K8

Das kenne ich:

Modalverben

Infinitiv	wollen	dürfen
ich	will	darf
du	willst	darfst
er/es/sie	will	darf
wir	wollen	dürfen
ihr	wollt	dürft
sie/Sie	wollen	dürfen

Satzklammer: Modalverben

Position 1	Modalverb: Position 2		Infinitiv: Ende
Die Kinder	wollen	im Garten	spielen .
Ich	darf	bis 22 Uhr Musik	machen .
Ich	darf	kein Haustier	haben .

Possessivartikel

	wir	ihr	sie/Sie
der Balkon	unser Balkon	euer Balkon	ihr/Ihr Balkon
das Zimmer	unser Zimmer	euer Zimmer	ihr/Ihr Zimmer
die Wohnung	unsere Wohnung	eure Wohnung	ihre/Ihre Wohnung
die Terrassen	unsere Terrassen	eure Terrassen	ihre/Ihre Terrassen

HALTESTELLE

1 Sprechen, schreiben ...

a Wer ist wann wo? Schreiben Sie die Wörter zum Thema „Familie" in die Tabelle wie im Beispiel.

die Mutter • das Baby • der Vater • der Onkel • die Tante • die Oma • der Opa • der Mann • die Frau

Beispiel

	im Büro	zu Hause	in der Schule
um 9 Uhr	der Onkel	der Mann	der Vater
um 12 Uhr	der Opa	die Tante	das Baby
um 20 Uhr	die Frau	die Oma	die Mutter

	im Büro	zu Hause	in der Schule
um 9 Uhr			
um 12 Uhr			
um 20 Uhr			

b Fragen Sie wie im Beispiel. Wer findet drei richtige Wörter zuerst?

	im Büro	zu Hause	in der Schule
um 9 Uhr	Opa		
um 12 Uhr			
um 20 Uhr			

„Ist dein Opa um 9 Uhr im Büro?" „Nein." „Ist deine Tante um 12 Uhr zu Hause?" „Ja."

2 Laufdiktat

Wählen Sie.

Lesen Sie einen Satz. Gehen Sie zu Ihrem Tisch und schreiben Sie den Satz. Lesen Sie den nächsten Satz. Gehen Sie wieder ...

 oder

Lesen Sie einen Satz. Diktieren Sie Ihrer Partnerin / Ihrem Partner den Satz. Lesen Sie den nächsten Satz. ...
Tauschen Sie nach vier Sätzen die Rollen.

> Meine Wohnung ist schön.
> Ich habe viel Platz.
> Das Wohnzimmer ist hell.
> Die Küche ist neu und modern.
> Das Schlafzimmer ist sehr ruhig.
> Es gibt auch einen Balkon.
> Die Kinder dürfen im Hof spielen.
> Und meine Nachbarn sind sehr nett.

. = Punkt

3 Berufe

a Was macht man in diesen Berufen? Kreuzen Sie an und sprechen Sie.

> Schreibt eine Architektin E-Mails?

> Ja, sie schreibt E-Mails.

der DJ   die Architektin   die Verkäuferin

	der DJ	die Architektin	die Verkäuferin
E-Mails schreiben	☒	☒	☐
Kaffee kochen	☐	☐	☐
Kuchen schneiden	☐	☐	☐
Termine machen	☐	☐	☐
mit Gästen sprechen	☐	☐	☐
Häuser zeichnen	☐	☐	☐
Interviews geben	☐	☐	☐
am Computer arbeiten	☐	☐	☐
aufräumen	☐	☐	☐

b Lesen Sie. Wer ist das? Manchmal gibt es mehrere Möglichkeiten.

Ich bin DJ. Mein Beruf macht viel Spaß. Ich kann kreativ sein, das ist super. Ich arbeite nachts. Ich sehe viele Städte: Wien, Salzburg, Innsbruck, Linz … Manchmal gebe ich auch Interviews. Ich habe sehr viele Termine. Oft bin ich müde – aber ich liebe meine Arbeit!
Michael

Architektin ist mein Beruf. Ich frage: Wie muss Ihr Haus sein? Dann plane ich und mache eine Zeichnung. Wir sprechen, und ich mache die Zeichnung neu … Ich arbeite sehr viel am Computer. Es gibt oft Stress. Ich muss sehr genau arbeiten, aber das kann und mag ich auch.
Ines

Ich arbeite in einer Cafeteria. Da sehe ich viele Leute, das ist schön. Manchmal sind aber auch sehr viele Gäste da, dann ist es stressig. Ich mache Weckerl, schneide Kuchen, koche Kaffee und Tee, räume auf … Die Kolleginnen sind alle sehr nett, das ist super.
Dana

1. … findet die Arbeit gut. ....
2. … trifft viele Leute. ....
3. … hat manchmal Stress. ....
4. … muss gut zeichnen. ....

5. … ist kreativ. ....
6. … mag die Kolleginnen. ....
7. … hat wenig Freizeit. ....
8. … arbeitet spät. ....

c Spielen Sie Berufe raten. Wählen Sie.

Sprechen Sie. ⟨oder⟩ Machen Sie Pantomime.

> Ich fahre viel Auto – aber nicht allein! Ich verdiene so mein Geld.

> Bist du Taxifahrer?

> Ja genau!

TESTTRAINING

1 Lesen

> → Lesen Sie zuerst alle Überschriften und dann alle Texte.
> → Sie müssen nicht alles verstehen. Suchen Sie im Text: Welche Wörter passen zu einer Überschrift?
> → Kreuzen Sie immer etwas an.

Lesen Sie die Überschriften a–d und die Texte 1–3. Welche Überschrift passt zu welchem Text?
Kreuzen Sie an: a, b, c oder d.

a) Wer gewinnt?
b) Sommerurlaub jetzt planen!
c) Donnerstag ist Obsttag!
d) Endlich Frühling!

1 Wieder „Gesunde Tage" bei uns:
Am Mittwoch gibt es auf alle Gemüse 30 Prozent Rabatt,
am Donnerstag gibt es auf Obst 30 Prozent Rabatt.

a b c d

2 Alle freuen sich auf die warmen Tage. Das Wetter wird sonnig am Wochenende. Machen Sie doch einen Spaziergang im Park. Auch die Blumen blühen wieder.

a b c d

3 Heute Abend spielt Admira Wacker in der Südstadt gegen Austria Wien. Das Fußballspiel ist wichtig für die Meisterschaft. Jede Mannschaft hat gute Chancen – das wird ein spannendes Match!

a b c d

2 Lesen

Sie bekommen ein E-Mail von Ihrer Lehrerin. Lesen Sie den Text.

> Liebe Kursteilnehmerinnen und Kursteilnehmer!
>
> Am nächsten Dienstag ist unsere Exkursion. Wir besuchen die Firma Käseland. Wir fahren alle zusammen dort hin. Der Treffpunkt ist um 9 Uhr bei der Bushaltestelle vor dem Kursgebäude. Bitte bringen Sie Ihre Monatskarte für den Bus mit. Denken Sie auch an einen Regenschirm!
>
> Liebe Grüße
> Anna Daum

Lesen Sie die Sätze 1–3.
Kreuzen Sie an: Richtig oder Falsch.

1 Am Dienstag fahren Sie zur Firma Käseland.   Richtig Falsch
2 Sie sollen um 9 Uhr beim Treffpunkt sein.   Richtig Falsch
3 Sie brauchen keine Monatskarte.   Richtig Falsch

3 Schreiben

→ Sehen Sie zuerst das Formular an.
  Welche Informationen fehlen?
  Suchen Sie im Text nur diese Informationen.
  Die anderen Informationen sind nicht wichtig.

→ Sie verstehen ein Wort nicht, zum Beispiel Hausnummer?
  Vergleichen Sie die Informationen im Formular und die
  Informationen im Text: Im Formular steht Straße + Hausnummer
  und im Text steht Stifterstraße 47. → die Hausnummer ist 47.

→ Unsicher? Schreiben Sie immer etwas!

Jonas Frey, geboren am 22. November 1956 in Graz, wohnt jetzt in Salzburg. Er ist Augenarzt von Beruf. Für eine Konferenz will er nach Berlin fliegen. Das Flugticket bucht er online.

Dr. Jonas Frey
Stifterstraße 47
5020 Salzburg
Tel.-Nr. 0674 221 38 74
E-Mail: j.frey@augenarzt.org

Helfen Sie Dr. Frey beim Formular. Es fehlen fünf Informationen. Schreiben Sie Ihre Lösungen in die Felder oder kreuzen Sie an.

Online-Formular

Anrede:	☒ Herr ☐ Frau	(1)
Name:	*Jonas Frey*	(2)
Vorname:	Jonas	
Staatsbürgerschaft:	Österreicher	
Geburtsdatum:	*22.11.1956. November*	(3)
Telefonnummer:	*0674 221 38 74*	(4)
Straße + Hausnummer:	*47 5020 Salzburg*	(5)
Postleitzahl + Ort:	5020 Salzburg	
E-Mail:	j.frey@augenarzt.org	
gewünschter Sitzplatz:	Fensterplatz	

MITEINANDER LEBEN UND ARBEITEN A

Begrüßen und Verabschieden

1 Welche Begrüßungen kennen Sie?

☐ Das kenne ich.   ☐ Das kenne ich.   ☐ Das kenne ich.   ☐ Das kenne ich.

> In Österreich **begrüßen und verabschieden** sich Frauen und Männer meistens mit **der Hand**. Sie stellen sich mit dem **Vornamen und Nachnamen** vor. Sie schauen sich **in die Augen** und **lächeln freundlich**.

2 Wer gibt wem die Hand?

a Sehen Sie die Fotos an. Sprechen Sie.

(G)

der Mann   die Frau

b Beantworten Sie die Fragen im Kurs. Erzählen Sie.

Wie begrüßen Sie Menschen in anderen Ländern?
Wie begrüßen Sie Menschen in Österreich?

UND SIE?

Begrüßen und verabschieden Sie Kursteilnehmerinnen / Kursteilnehmer. Stellen Sie sich vor. Fragen Sie nach dem Vornamen und Nachnamen. Schreiben Sie die Namen auf ein Poster.

Was kennen Sie?   Was ist neu?

Werte- und Orientierungsmodul
Vielfalt des Zusammenlebens Interkulturelle Begegnung, Regeln des Zusammenlebens

Leute treffen

1 Wo treffen wir uns?

a Wo treffen Sie Ihre Freunde in Österreich? Sammeln Sie. Machen Sie ein Plakat.

b Was ist ein Ehrenamt? Sammeln Sie Beispiele.

2 Im Park

a Sehen Sie die Bilder an. Was machen die Menschen? Sprechen Sie im Kurs.

b Menschen im Park. Welches Verhalten ist gut? Kreuzen Sie an: ☺ oder ☹. Vergleichen Sie im Kurs.

Wir reden und telefonieren laut. ☺ ☹

Wir machen eine Party. ☺ ☹

Wir hören leise Musik. ☺ ☹

Wir belästigen Frauen nicht. ☺ ☹

Wir stören andere nicht. ☺ ☹

VORHANG AUF!

Was machen Sie im Park? Wie zeigen Sie anderen Menschen Respekt? Spielen Sie zu zweit.

oder

Welches Ehrenamt machen Sie? Was tun Sie da? Sprechen Sie.

Werte- und Orientierungsmodul

Vielfalt des Zusammenlebens Kontakte knüpfen, aufeinander zugehen; Interkulturelle Begegnung, Regeln des Zusammenlebens

MITEINANDER LEBEN UND ARBEITEN B

Im Deutschkurs

1 Anderen helfen

> Entschuldigung, können Sie mir helfen?
> Entschuldigung, kannst du mir helfen?
> Entschuldigung, kann ich Ihnen helfen?
> Entschuldigung, kann ich dir helfen?

a Eine Teilnehmerin / Ein Teilnehmer im Deutschkurs hat kein Buch. Was machen Sie? Sammeln Sie.

helfen

fragen

lächeln

b Sie haben Ihre Brille vergessen? Was machen Sie? Sammeln Sie Ideen in Ihrer Sprache.

Ich frage meine Lehrerin. Sie hilft.

2 Zusammen im Kurs

a Lesen Sie die Kursregeln. Nummerieren Sie: 1 = am wichtigsten bis 5 = unwichtig. Vergleichen Sie.

Kursregeln

- Ich helfe anderen.
- Ich frage andere.
- Ich störe nicht.
- Ich respektiere andere Ideen.
- Ich bin pünktlich.

b Welche Kursregeln haben Sie? Ergänzen Sie die Beispiele aus 2a.

c Wofür gibt es Kursregeln? Sprechen Sie. Wer macht die Kursregeln?

VORHANG AUF!

Spielen Sie.
Sehen Sie die Bilder an und wählen Sie eine Situation aus.

  oder

Werte- und Orientierungsmodul
Vielfalt des Zusammenlebens Interkulturelle Begegnung, Regeln des Zusammenlebens

Konflikte im Alltag

1 Aufgaben vor einem Fest

a Welche Aufgaben haben Frauen und Männer? Sehen Sie die Bilder an. Diskutieren Sie.

b Was ist für Sie normal? Was kennen Sie? Sprechen Sie.

2 Das Fest beginnt

a Zwei Personen streiten sich. Sehen Sie das Bild an. Was ist hier los?

Hol bitte eine Flasche Saft!

Warum holst du sie nicht? Ich bin doch keine Bedienung! Das ärgert mich. ...

b Lesen Sie die Sätze. Was meinen Sie? Diskutieren Sie.

Konflikte kommen überall vor.   Es gibt immer eine Lösung.   Es gibt nie eine Lösung.
Konflikte sind normal.   Es gibt keine Konflikte.

c Was machen Sie, wenn andere streiten? Was finden Sie normal?

Ich mische mich ein.   *Ich schaue zu.*   *Ich gehe weg.*   *Ich hole Hilfe.*

VORHANG AUF!

Spielen Sie zu dritt einen Streit aus Ihrem Alltag:
Zwei streiten, einer hilft bei der Lösung.

Werte- und Orientierungsmodul

Vielfalt des Zusammenlebens Interkulturelle Begegnung, Regeln des Zusammenlebens |
Prinzipien des Zusammenlebens – Rechtliche Integration – Demokratie und Rechtsstaat Persönliche Freiheit
zur Selbstbestimmung im Leben: Meinungsfreiheit

MITEINANDER LEBEN UND ARBEITEN C

Pünktlichkeit

1 Wo und wann?

a Sehen Sie die Bilder an. Was ist los?

b Ordnen Sie die Sprechblasen den Bildern zu.

Entschuldigung, ich bin zu spät.

Entschuldigung, ich bin zu spät.

Entschuldigung, ich bin zu spät.

Kein Problem!

Schade. Ich warte schon lange.

So geht das nicht! Kommen Sie bitte pünktlich!

2 Pünktlichkeit

a Termine absagen und einhalten. Kreuzen Sie an: gut oder schlecht?

| Der Deutschkurs beginnt um 9 Uhr. | Sie haben einen Arzttermin um 14 Uhr. Sie sagen den Termin ab. | Ihre Nachbarn haben Sie zum Abendessen eingeladen: Beginn um 20 Uhr. | Sie machen einen Ausflug mit dem Deutschkurs. Der Treffpunkt ist um 8:45 am Bahnhof. |

☐ gut ☐ schlecht ☐ gut ☐ schlecht ☐ gut ☐ schlecht ☐ gut ☐ schlecht

b Beantworten Sie die Fragen.

Das Fest beginnt um 18:00 Uhr. Wann sind Sie dort? ....

Die Arbeitszeit endet um 17:00 Uhr. Wann gehen Sie? ....

Ihre Chefin will mit Ihnen um 10:00 Uhr sprechen. Wann sind Sie dort? ....

Die Pause ist von 9:45 bis 10:00 Uhr. Wann müssen Sie wieder zurück in den Deutschkurs? ....

UND SIE?

a Wie wichtig ist Pünktlichkeit in einem Land, das Sie kennen? Was ist neu in Österreich?

b Wie sind Sie pünktlich? Gestalten Sie ein Lernplakat.

Terminkalender prüfen — Pünktlichkeit — Zeitpuffer einplanen — rechtzeitig aufstehen

Werte- und Orientierungsmodul

Vielfalt des Zusammenlebens Interkulturelle Begegnung, Regeln des Zusammenlebens

Unterwegs

1 Auf dem Weg ins Büro

a Schreiben Sie eine Geschichte. Lesen Sie die Sätze und beantworten Sie die Fragen.

Habib fährt mit dem Bus zur Arbeit. Der Bus ist voll.
Warum fährt Habib mit dem Bus zur Arbeit?

Er setzt sich auf einen freien Platz. Eine alte Frau mit einem Stock steigt ein.
Was macht Habib, als er die alte Frau sieht?

Marianna ist Ärztin. Sie muss sich beeilen. Heute hat sie zwei Operationen.
Was macht Habib beruflich?

Marianna fährt mit dem Fahrrad zur Arbeit.
Welche Verkehrsregeln muss sie beachten?

b Erzählen Sie die Geschichte im Kurs.

2 Im Verkehr

a Sehen Sie die Bilder an. Welches Verhalten ist gut? Was machen Sie?

 A
 B
 C
 D

b Wie verhalten sich die meisten Menschen in Österreich? Wählen Sie eine Antwort. Vergleichen Sie dann im Kurs.

Die meisten Menschen in Österreich …

1. ☐ halten die Verkehrsregeln ein.
   ☐ halten die Verkehrsregeln nicht ein.
2. ☐ fahren mit öffentlichen Verkehrsmitteln zur Arbeit.
   ☐ fahren mit dem Auto zur Arbeit.
3. ☐ überlassen alten oder behinderten Menschen den Sitzplatz in Bus oder Bahn.
   ☐ bleiben selbst auf ihrem Sitzplatz sitzen.

VORHANG AUF!

Ein Rollstuhlfahrer steigt in die Straßenbahn ein. Spielen Sie.

> Entschuldigung, kann ich Ihnen helfen?

> Ja, gerne. Können Sie mir dann bitte beim Aussteigen helfen?

Werte- und Orientierungsmodul

Bildung und Sprache Gleichberechtigung im Bildungssystem | **Vielfalt des Zusammenlebens** Interkulturelle Begegnung, Regeln des Zusammenlebens

MITEINANDER LEBEN UND ARBEITEN D

Lebensformen

1 Wer gehört zu wem?

a Sehen Sie die Bilder an. Wie leben die Menschen? Beschreiben Sie die Familien.

A   B   C   D

b Lesen Sie die Texte in den Sprechblasen. Welcher Text passt zu welchem Foto? Ordnen Sie zu.

> Ich lebe in Wien. Ich wohne allein.
> Ich habe viele Freunde und reise gerne.
> *Andreas aus Wien* **1** ☐

> Wir sind verheiratet. Unser Sohn Jakob
> ist 6 Jahre alt, Maria – unsere Tochter – 4.
> Wir lachen viel. Die Großeltern besuchen uns oft.
> *Hannes und Anna aus St. Pölten* **3** ☐

> Mein Mann Karl und ich leben seit 20 Jahren
> ohne Heiratsurkunde zusammen. Jeder hat
> sein eigenes Zimmer. Das gefällt uns.
> *Alma aus Graz* **2** ☐

> Ich bin geschieden. Mein Sohn Cem ist 7. Er
> lebt bei mir. Aber sein Vater kümmert sich auch.
> *Christa aus Linz* **4** ☐

c War Ihre Vermutung aus Aufgabe 1a richtig?

2 Wie leben Frauen und Männer in Österreich? Welche Lebensformen gibt es?

Machen Sie ein Brainstorming.

| geschieden | verheiratet | getrennt lebend | … |

3 Konflikte in der Familie

a Worüber streiten Sie in der Familie?

| Kleidung | Fernsehprogramm | Geld | … |

b Was kann man tun? Suchen Sie Lösungen.

| reden | sich aufregen | zusammen eine Lösung finden | … |

UND SIE?

Wie leben Frauen und Männer in einem Land, das Sie gut kennen? Was ist normal? Was ist nicht normal?
Was tun Sie, wenn es Streit gibt? Überlegen Sie.

Werte- und Orientierungsmodul

Vielfalt des Zusammenlebens Gesellschaftliche Vielfalt, Familie und Zusammenleben

Nachbarn

1 Einzug in die neue Wohnung

a Was ist hier los? Sehen Sie das Foto an. Beschreiben Sie die Situation.

b Lesen Sie den Text. Was machen Sie?

Sie ziehen mit Ihrer Familie in eine neue Wohnung ein. Im Haus gibt es drei Stockwerke mit 14 Wohnungen. Vor dem Lift treffen Sie einen älteren Mann. Eine Frau steht neben ihm. Sie wollen im Lift nach oben fahren. Im Aufzug haben nicht alle Platz.

unterhalten, fragen, bitten, warten ...

c Sortieren Sie den Dialog. Sprechen Sie dann zu zweit.

- ● Guten Tag. Ich heiße ...
- ○ ....
- ● In welchen Stock wollen Sie fahren?
- ○ ....
- ● Wohnen Sie auch hier?
- ○ ....
- ● Oh, so lange! Meine Frau, meine Tochter und ich ziehen heute ein.
- ○ ....
- ● Wir freuen uns auf eine gute Nachbarschaft.
- ○ *Kommen Sie doch einmal auf einen Kaffee bei uns vorbei.*
- ● Danke! Noch eine Frage: Wo finde ich die Mülltonnen, bitte?
- ○ ....
- ● Danke. Dann kann ich gleich die leeren Kartons wegbringen.
- ○ ....
- ● Ja, gut. Auf Wiedersehen.

Wir wohnen seit zwanzig Jahren in dem Haus.

~~Kommen Sie doch einmal auf einen Kaffee bei uns vorbei.~~

Wir fahren in den dritten Stock.

Herzlich willkommen! Wir freuen uns, Sie kennenzulernen.

Guten Tag. Ich heiße Ernst Fleger und das ist meine Frau Annelie.

Ja, aber bitte nicht nach 18 Uhr! Das ist verboten.

Im Hinterhof. Die Papiertonnen haben einen roten Deckel. Die Restmülltonnen sind schwarz.

2 Nachbarschaft

a Über welche Themen sprechen Sie mit Nachbarn? Sammeln Sie Ideen.

| einen Film | das Wetter | die Hausordnung | zu laute Musik | ... |

b Was regelt die Hausordnung? Informieren Sie sich. Berichten Sie.

VORHANG AUF!

Führen Sie ein Gespräch mit einer Nachbarin / einem Nachbarn.

Gestern waren Sie bis 23 Uhr sehr laut! — Oh, das tut mir aber leid.

oder

Jetzt regnet es schon seit drei Tagen. Schrecklich, oder? — Ja, aber übermorgen soll es endlich schöner werden.

Werte- und Orientierungsmodul

Wohnen und Nachbarschaft Zusammenleben und Rücksicht am Beispiel Hausordnung; Ruhezeiten und Nachtruhe; Informelle Regeln zur Nachbarschaft (Rücksicht/Höflichkeit)

Grammatik

Inhaltsverzeichnis

Verben	VII
Nomen und Artikel	VIII
Personalpronomen	X
Fragewörter	X
Präpositionen	XI
Sätze	XI
Satzklammer	XII
Zeitangaben im Satz	XII
Verben mit Akkusativ	XIII
Unregelmäßige Verben	XIII

Verben

1 Konjugation im Präsens

a Verbendungen: regelmäßige Verben

Infinitiv	kommen	wohnen
Singular		
ich	komme	wohne
du	kommst	wohnst
er/es/sie	kommt	wohnt
Plural		
wir	kommen	wohnen
ihr	kommt	wohnt
sie/Sie	kommen	wohnen

b Verbendungen: besondere Verben

Infinitiv	heißen	arbeiten
Singular		
ich	heiße	arbeite
du	heißt	arbeitest
er/es/sie	heißt	arbeitet
Plural		
wir	heißen	arbeiten
ihr	heißt	arbeitet
sie/Sie	heißen	arbeiten

c Verben mit Vokalwechsel

Infinitiv	fahren	schlafen	sprechen	nehmen	essen	lesen
ich	fahre	schlafe	spreche	nehme	esse	lese
du	fährst	schläfst	sprichst	nimmst	isst	liest
er/es/sie	fährt	schläft	spricht	nimmt	isst	liest
wir	fahren	schlafen	sprechen	nehmen	essen	lesen
ihr	fahrt	schlaft	sprecht	nehmt	esst	lest
sie/Sie	fahren	schlafen	sprechen	nehmen	essen	lesen
	genauso:					*genauso:*
	waschen					*sehen*

d trennbare Verben

Infinitiv	anrufen	ausschlafen	einladen	fernsehen
ich	rufe an	schlafe aus	lade ein	sehe fern
du	rufst an	schläfst aus	lädst ein	siehst fern
er/es/sie	ruft an	schläft aus	lädt ein	sieht fern
wir	rufen an	schlafen aus	laden ein	sehen fern
ihr	ruft an	schlaft aus	ladet ein	seht fern
sie/Sie	rufen an	schlafen aus	laden ein	sehen fern
	genauso:	*genauso:*		*genauso:*
	ausgehen, einkaufen	*anfangen*		*ansehen*

e Modalverben

Infinitiv	können	müssen	wollen	dürfen	mögen		(möchten)
ich	kann	muss	will	darf	mag	ich	möchte
du	kannst	musst	willst	darfst	magst	du	möchtest
er/es/sie	kann	muss	will	darf	mag	er/es/sie	möchte
wir	können	müssen	wollen	dürfen	mögen	wir	möchten
ihr	könnt	müsst	wollt	dürft	mögt	ihr	möchtet
sie/Sie	können	müssen	wollen	dürfen	mögen	sie/Sie	möchten

2 Konjugation von *haben* und *sein*

a Konjugation von *haben* und *sein* im Präsens

Infinitiv	haben	sein
ich	habe	bin
du	hast	bist
er/es/sie	hat	ist
wir	haben	sind
ihr	habt	seid
sie/Sie	haben	sind

b Konjugation von *haben* und *sein* im Präteritum

Infinitiv	haben	sein
ich	hatte	war
du	hattest	warst
er/es/sie	hatte	war
wir	hatten	waren
ihr	hattet	wart
sie/Sie	hatten	waren

Nomen und Artikel

1 Artikelwörter: Deklination

Singular	maskulin	neutrum	feminin	Plural
Nominativ	der Stift	das Buch	die Tasche	die Stifte/Bücher/Taschen
	ein Stift	ein Buch	eine Tasche	— Stifte/Bücher/Taschen
	kein Stift	kein Buch	keine Tasche	keine Stifte/Bücher/Taschen
	mein Stift	mein Buch	meine Tasche	meine Stifte/Bücher/Taschen
Akkusativ	den Stift	das Buch	die Tasche	
	einen Stift	ein Buch	eine Tasche	*Im Plural sind die Artikel im*
	keinen Stift	kein Buch	keine Tasche	*Nominativ und Akkusativ*
	meinen Stift	mein Buch	meine Tasche	*gleich.*

GRAMMATIK

2 Artikelwörter: Bezeichnungen

a der bestimmte Artikel

Nominativ:	Das ist der Stift / das Buch / die Tasche.	sein + Nominativ
	Das sind die Stifte/Bücher/Taschen.	
Akkusativ:	Ich suche den Stift / das Buch / die Tasche.	suchen + Akkusativ
	Ich suche die Stifte/Bücher/Taschen.	

b der unbestimmte Artikel

Nominativ: Das ist ein Stift / ein Buch / eine Tasche.
Das sind Stifte/Bücher/Taschen.

Akkusativ: Ich suche einen Stift / ein Buch / eine Tasche.
Ich suche Stifte/Bücher/Taschen.

c der Negativartikel

Nominativ: Das ist kein Stift / kein Buch / keine Tasche.
Das sind keine Stifte/Bücher/Taschen.

Akkusativ: Ich suche keinen Stift / kein Buch / keine Tasche.
Ich suche keine Stifte/Bücher/Taschen.

3 Possessivartikel

	ich	du	er/es	sie	wir	ihr	sie	Sie	
maskulin	mein	dein	sein	ihr	unser	euer	ihr	Ihr	Freund
neutrum	mein	dein	sein	ihr	unser	euer	ihr	Ihr	Auto
feminin	meine	deine	seine	ihre	unsere	eure	ihre	Ihre	Freundin
Plural	meine	deine	seine	ihre	unsere	eure	ihre	Ihre	Hobbys

Das ist sein Regenschirm.

Das ist ihr Regenschirm.

4 Nomen: Plural

¨ / –
der Apfel / die Äpfel
der Lehrer / die Lehrer

-e / ¨e
der Tisch / die Tische
der Gast / die Gäste

-n / -en
die Banane / die Bananen
die Uhr / die Uhren

-s
das Handy / die Handys

-er / ¨er
das Bild / die Bilder
das Buch / die Bücher

neun IX

5 Komposita

der Apfel + der Saft
↓
der Apfelsaft (maskulin)

der Käse + das Weckerl
↓
das Käseweckerl (neutrum)

das Telefon + die Nummer
↓
die Telefonnummer (feminin)

Personalpronomen

1 Personalpronomen im Nominativ

Singular

ich　　　　　du　　　　　er　　　　　es　　　　　sie

Plural

wir　　　　　ihr　　　　　sie　　　　　Sie

2 Personalpronomen und Artikel

Der Monitor funktioniert nicht.
↳ Er ist kaputt.

Das Handy ist hier.
↳ Es ist neu.

Die Brille ist nicht hier.
↳ Sie ist zu Hause.

Fragewörter

Wie?	Wie heißen Sie?
Wo?	Wo wohnen Sie?
Woher?	Woher kommen Sie?
Wer?	Wer kommt aus Syrien?
Was?	Was bist du von Beruf?
Wie?	Wie spät ist es?
Wann?	Wann frühstückst du?
Wie lange?	Wie lange siehst du abends fern?
Von wann bis wann?	Von wann bis wann arbeitest du?

Präpositionen

1 lokale Präpositionen

in	Ich wohne in Linz.

aus	Ich komme aus der Türkei.

2 temporale Präpositionen

in	in der Früh
zu	zu Mittag
am	am Abend
um	um 7:30 Uhr, um 12:15 Uhr, um 20:00 Uhr
von … bis	von 8 Uhr bis 17 Uhr, von Montag bis Freitag

Sätze

1 Aussagesätze

	Verb: Position 2	
Ich	komme	aus Spanien.

2 W-Fragen

	Verb: Position 2	
Woher	kommst	du?

3 Ja/Nein-Fragen

Verb: Position 1		
Kommst	du	aus den USA?
Wohnst	du	in Salzburg?

4 Aufforderungen und Bitten

Verb: Position 1		
Lesen	Sie	bitte die Dialoge.
Lesen	Sie	die Dialoge, bitte.

Satzklammer

1 trennbare Verben

Position 1	Verb: Position 2		Verb: Ende
Markus	schläft	am Sonntag	aus.
Am Freitag	kauft	Selma gerne	ein.

2 Modalverben

Position 1	Modalverb: Position 2		Infinitiv: Ende
Wir	müssen	noch viel	vorbereiten.
Ich	kann	Anna vom Kindergarten	abholen.
Die Kinder	wollen	im Garten	spielen.
Ich	darf	hier Musik	machen.

Zeitangaben im Satz

Position 1	Position 2		
Markus	geht	am Dienstag	zum Friseur.
Am Dienstag	geht	Markus	zum Friseur.
Ich	gehe	um sieben Uhr	zur Arbeit.
Um sieben Uhr	gehe	ich	zur Arbeit.

GRAMMATIK

Verben mit Akkusativ

Die meisten Verben haben den Akkusativ.

abholen	Ich hole **Anna** ab.	mögen	Mögen Sie **Salat**?
abstellen	Er stellt **den Kinderwagen** ab.	nachsprechen	Sprechen Sie **die Sätze** nach.
ankreuzen	Kreuzen Sie **die Antwort** an.	nehmen	Er nimmt **ein Käseweckerl**.
anrufen	Roman ruft **die Familie** an.	notieren	Notieren Sie **die Nummer**.
ansehen	Diana sieht gerne **Fotos** an.	nummerieren	Nummerieren Sie **die Fotos**.
aufhängen	Er hängt **die Wäsche** auf.	ordnen	Ordnen Sie **die Karten**.
aufschreiben	Schreiben Sie **Sätze** auf.	organisieren	Eleni organisiert **ein Fest**.
ausgeben	Selma gibt heute **viel Geld** aus.	packen	Ich packe **den Koffer**.
backen	Selma backt **einen Kuchen**.	parken	Ich parke **das Auto** hier.
beantworten	Beantworten Sie **die Fragen**.	probieren	Er probiert **den Reis**.
benutzen	Alle benutzen **die Küche**.	rauchen	Er raucht **eine Zigarette**.
begrüßen	Der Chef begrüßt **Eleni**.	renovieren	Selma will **das Haus** renovieren.
besuchen	Ich besuche **einen Freund**.	reparieren	Jan repariert **den Computer**.
bezahlen	Markus bezahlt **die Miete**.	sagen	Sagen Sie **Ihren Namen**.
bilden	Bilden Sie **Sätze**.	sammeln	Sammeln Sie **Fragen**.
braten	Ich brate **das Gemüse**.	schneiden	Ich schneide **den Kuchen**.
brauchen	Brauchst du **einen Stift**?	schreiben	Schreiben Sie **einen Dialog**.
buchstabieren	Er buchstabiert **das Wort**.	sehen	Heute Abend sehen wir **Ben**.
decken	Die Kinder decken **den Tisch**.	speichern	Ben speichert **das E-Mail**.
einladen	Wir laden **Freunde** ein.	spielen	Spielen Sie **die Dialoge**.
ergänzen	Ergänzen Sie **den Text**.	sprechen	Sprechen Sie **das Wort**.
erzählen	Ben erzählt **eine Geschichte**.	suchen	Suchen Sie **neue Wörter**.
essen	Er isst **einen Salat**.	tauschen	Tauschen Sie **die Sätze**.
finden	Wo finde ich **die Bananen**?	trinken	Wir dürfen **Kaffee** trinken.
formulieren	Formulieren Sie **einen Satz**.	üben	Wir üben **Dialoge**.
fragen	Fragen Sie **Ihren Partner**.	unterstreichen	Unterstreichen Sie **die Vokale**.
grillen	Wir grillen **das Fleisch**.	variieren	Variieren Sie **den Dialog**.
haben	Haben Sie **Bananen**?	vergessen	Vergessen Sie **das Geld** nicht.
holen	Könnt ihr **Sessel** holen?	vergleichen	Vergleichen Sie **die Sätze**.
hören	Hören Sie **den Dialog**.	vorbereiten	Lena muss **das Fest** vorbereiten.
kaufen	Du musst **Blumen** kaufen.	vorstellen	Stellen Sie **Ihren Partner** vor.
kennen	Kennen Sie **die Wörter**?	wählen	Wählen Sie **ein Foto**.
kochen	Wir kochen heute **Gemüse**.	waschen	Kannst du **die Wäsche** waschen?
korrigieren	Korrigieren Sie **die Sätze**.	wegräumen	Er räumt **die Sessel** weg.
lernen	Ich lerne **Deutsch**.	weiterhören	Ben hört **die Musik** alleine weiter.
lesen	Eleni liest **ein Buch**.	wiederholen	Wiederholen Sie **den Dialog**.
lieben	Ich liebe **Schokolade**.	wissen	Pablo weiß **das Wort** nicht.
machen	Ich mache heute **das Essen**.	zählen	Zählt **die Personen**.
markieren	Markieren Sie **den Wortakzent**.	zeichnen	Zeichnen Sie **ein Bild**.
mieten	Danuta mietet **eine Wohnung**.	zeigen	Zeigen Sie **Ihre Wohnung**.
mitbringen	Markus bringt **sein Kind** mit.	ziehen	Ziehen Sie **eine Karte**.
möchten	Ich möchte **einen Apfel**.	zuordnen	Ordnen Sie **die Aussagen** zu.

Unregelmäßige Verben

anfangen, fängt **an**	**ge**ben, g**i**bt	**mö**gen, m**a**g	**spre**chen, spr**i**cht
backen, b**ä**ckt/backt	**ha**ben, h**a**t	**mü**ssen, m**u**ss	**ver**gessen, verg**i**sst
braten, br**ä**t	**hel**fen, h**i**lft	**neh**men, n**i**mmt	**wa**schen, w**ä**scht
dürfen, d**a**rf	her**u**mlaufen, läuft her**u**m	**ra**ten, r**ä**t	**wi**ssen, w**ei**ß
einladen, lädt **ein**		**schla**fen, schl**ä**ft	**wo**llen, w**i**ll
essen, **i**sst	**kö**nnen, k**a**nn	**se**hen, s**ie**ht	
fahren, f**ä**hrt	**le**sen, l**ie**st	**sein**, **i**st	

Alphabetische Wortliste

Diese Informationen finden Sie im Wörterverzeichnis:
In der Liste finden Sie die Wörter aus den Kapiteln 1–8 von *Linie 1 Österreich*.
Wo Sie das Wort finden:
z. B. abends 5/2f, 66

abends	5/	2f,	66
Wort	Kapitel	Nummer der Aufgabe	Seite

Den Wortakzent: kurzer Vokal . oder langer Vokal _.
Bild, das, -er 1/Vorhang auf, 7
da 3/4a, 35

Bei trennbaren und unregelmäßigen Verben:
3. Person Singular: **wegräumen**, räumt weg 7/6a, 101

Bei Nomen: das Wort, den Artikel, die Pluralform:
Banane, die, -n 4/3a, 49

= *Singular*: die Banane
= *Plural*: die Bananen

Bei verschiedenen Bedeutungen eines Wortes:
das Wort und Beispiele:
das (1) *(Das ist Herr Puente.)* 1/1b, 1
das (2) *(das Verb)* 1/3b, 3

Fett gedruckte Wörter gehören zum wichtigen Wortschatz für Prüfungen A1 bis B1.
Diese Wörter müssen Sie auf jeden Fall lernen.

Abkürzungen und Symbole

⸚	Umlaut im Plural bei Nomen
,	keine Steigerung (bei Adjektiven)
(Sg.)	nur Singular (bei Nomen)
(Pl.)	nur Plural (bei Nomen)

Abc, das, -s 1/5b, 4
Abend, der, -e *(Guten Abend.)* 1/2b, 2
Abendessen, das *(Sg.)* 5/4a, 68
abends 5/2f, 66
aber (1) *(Ihr sprecht aber gut Deutsch.)* 2/4a, 18
aber (2) *(Oh, wir lernen Deutsch, aber Deutsch ist ein bisschen schwer.)* 2/4a, 18
abholen, holt ab 7/5a, 100
Abkürzung, die, -en 8/8c, 117
abstellen, stellt ab 8/6a, 115
ach 7/7b, 102
ach ja 7/5a, 100
ach so 2/4a, 18
Ach-Laut, der, -e 7/4, 99
achten 3/7a, 37
Adjektiv, das, -e 8/3b, 113
Adresse, die, -n 1/8b, 6
ah 1/3a, 3
Akkusativ, der, -e 4/4b, 50
Aktivität, die, -en 5/Und Sie?, 70
Alkohol, der *(Sg.)* 6/Und Sie?, 85
alle 7/8a, 102
allein, alleine 2/Und Sie?, 19
alles 6/2a, 80
Alltag, der *(Sg.)* 5/4, 68
als *(Sie arbeitet als Verkäuferin.)* 2/7a, 21
also (1) *(Pablo, also P-a-b-l-o?)* 1/9d, 7
also (2) *(Also, ich finde die Wohnung schön.)* 8/3b, 113
alt 2/6a, 20
Alter, das *(Sg.)* 2/6c, 20
am (1) *(am Satzanfang)* 1/9c, 7
am (2) *(am Dienstag)* 5/3c, 67
an *(an der Wohnungstür)* 8/1d, 111
anderer, andere 2/6a, 20
anders 4/7d, 52
anfangen, fängt an 6/7a, 84
ankreuzen, kreuzt an 1/1a, 1

Anmeldung, die, -en 1/8, 6
Anrufbeantworter, der, – 5/7c, 71
anrufen, ruft an 5/6a, 70
ansehen, sieht an 1/1a, 1
Antwort, die, -en 1/9a, 7
antworten 1/2c, 2
Anweisung, die, -en 3/8d, 38
Anzeige, die, -n 8/8a, 117
Apfel, der, ⸚ 4/3a, 49
Apfelkuchen, der, – 4/3a, 49
Apfelsaft, der, ⸚e 4/3a, 49
Arabisch 2/5b, 19
Arbeit, die, -en 6/7a, 84
arbeiten 2/7a, 21
arbeitslos 2/6a, 20
Arbeitsplatz, der, ⸚e 6/7a, 84
Arbeitszimmer, das, – 8/2a, 112
Architekt, der, -en 7/2a, 98
Artikel, der, – 3/1c, 33
Arzt, der, ⸚e 7/5a, 100
Arzttermin, der, -e 7/5b, 100
auch 2/5c, 19
auf (1) *(Vorhang auf)* 1/Vorhang auf, 7
auf (2) *(auf der Party)* 2/3, 17
auf (3) *(Wie heißt das auf Deutsch?)* 3, 33
Auf Wiederhören 2/1b, 15
Auf Wiedersehen 1/2b, 2
Aufforderung, die, -en 3/8b, 38
Aufgabe, die, -n 2/7b, 21
aufhängen 8/6c, 115
aufräumen, räumt auf 7/6a, 101
aufschreiben, schreibt auf 2/2c, 16
aufstehen, steht auf 5/6f, 70
aufwachen, wacht auf 5/1b, 65
Aufzählung, die, -en 8/8d, 117
aus 1/1b, 1
ausgeben, gibt aus 8/7a, 116
ausgehen, geht aus 5/6a, 70
Aussage, die, -n 3/6b, 37

ausschlafen, schläft aus 5/6b, 70
aussehen, sieht aus *(Die Wohnung sieht schön aus.)* 8/7a, 116
Aussprache, die *(Sg.)* 1/3e, 3
Auto, das, -s 3/5a, 36
Baby, das, -s 8/7a, 116
backen, bäckt/backt 5/5a, 69
Bäcker, der, – 6/7a, 84
Bad, das, ⸚er 8/2a, 112
Badezimmer, das, – 8/2d, 112
Balkon, der, -e/-s 8, 111
Banane, die, -n 4/3a, 49
beachten 8/6a, 115
beantworten 2/3b, 17
beginnen 5/3d, 67
begrüßen 1/1a, 1
Begrüßung, die, -en 1/1, 1
bei 2/3b, 17
beide 2/2e, 16
beim 5/3b, 67
Beispiel, das, -e 1/3b, 3
benutzen 8/7a, 116
berichten 6/Und Sie?, 85
Beruf, der, -e 2/6a, 20
besonders 6/9a, 85
bester, beste *(sein bester Freund)* 7/2a, 98
Besteck, das, -e 6/5b, 82
bestimmt *(der bestimmte Artikel)* 3/2a, 34
Besuch, der, -e 5/3b, 67
besuchen 5/5b, 69
betont 2/5b, 19
Betreff, der, -s 7/6a, 101
bezahlen 8/5a, 114
Bild, das, -er 1/Vorhang auf, 7
bilden 2/2g, 16
billig 8/7a, 116
Bindestrich, der, -e 2/Und Sie?, 17
bis (1) *(von 0 bis 10)* 1/8c, 6
bis (2) *(von 15 bis 17 Uhr)* 5/4a, 68
bis bald 2/6a, 20

WORTLISTE

bis dann 6/4a, 82
bis später 5/5a, 69
bitte 1/8b, 6
bitte schön 4/5c, 51
Bitte, die, -n 3/8c, 38
blau 7/3a, 99
bleiben 7/5c, 100
Bleistift, der, -e 3, 33
Blume, die, -n 6/5b, 82
Blumenstrauß, der, ¨-e 7/6a, 101
Brasilianer, der, – 2/6b, 20
Brasilien 2/6a, 20
braten, brät 6/5d, 83
brauchen 3/9, 39
braun 7/3b, 99
Brezel, das, -n 4/3a, 49
Brille, die, -n 3, 33
Brot, das, -e 4/7a, 52
Bruder, der, ¨ 7/1a, 97
Buch, das, ¨er 3/2a, 34
Buchstabe, der, -n 8/6a, 115
buchstabieren 1/5c, 4
Buffet, das, -s 6/7a, 84
Burenwurst, die, ¨-e 7/3c, 106
Büro, das, -s 2/7b, 21
Büronummer, die, -n 3/9b, 39
Bus, der, -se 5/2a, 66
Busfahrer, der, – 2/6a, 20
Butter, die (Sg.) 6/Und Sie?, 81
Cafeteria, die, Cafeterien 4/1, 47
CD, die, -s 7/6a, 101
Cent, der, -s 4/3a, 49
Chef, der, -s 2/1b, 15
China 2/5d, 19
Chinese, der, -n 2/5d, 19
Chinesisch 2/5d, 19
Chips, die (Pl.) 5/7a, 71
Coffee to go, der, -s 6/7a, 84
Cola, das, -s 4, 47
Computer, der, – 3/3a, 34
Croissant, das, -s 6/7a, 84
Curry, das, -s 7/Und Sie?, 99
da 3/4a, 35
danke 1/8b, 6
dann 1/8c, 6
das (1) (Das ist Herr Puente.) 1/1b, 1
das (2) (das Verb) 1/3b, 3
Dauer, die (Sg.) 5/4b, 68
dazu 7/8e, 103
decken 6/5b, 82
dein, deine 2/6a, 20
dem 1/4c, 4
den 1/1b, 1
denken 8/1a, 111
der (1) (der Kurs) 1/2, 2
der (2) (aus der Türkei) 1/4c, 4
Deutsch 2/4a, 18
Deutschbuch, das, ¨er 3/1a, 33
Deutsche, der/die, -n 2/5a, 19
Deutschkurs, der, -e 2/6a, 20
Dialog, der, -e 1/2a, 2
Dialognummer, die, -n 5/2d, 66
die (1) (die Fotos) 1/1a, 1
die (2) (die Tabelle) 1/3d, 3
die beiden 6/7a, 84
Dienstag, der, -e 5/3b, 67
Dienstleistung, die, -en 1/8b, 6
dieser, diese 3/4d, 35
dir 4/2c, 48
Disco, die, -s 7/8a, 102
DJ, der, -s 7/2a, 98
doch 3/6c, 37

Donnerstag, der, -e 5/3b, 67
dort 2/7b, 21
Dose, die, -n 6/2d, 80
Drei-Zimmer-Wohnung, die, -en 8/8c, 117
dritt (zu dritt) 4/Und Sie?, 51
du 1/3a, 3
dunkel 8/3a, 113
dürfen, darf 8/6a, 115
Dusche, die, -n 8/2e, 112
duschen 5/4a, 68
echt (Echt?) 3/5d, 36
Ei, das, -er 6/3, 81
eigen, eigene 6/8c, 85
ein (1) (eine Liste) 1/Und Sie?, 5
ein (2) (ein Buch) 7/8a, 102
ein bisschen 2/4a, 18
einkaufen, kauft ein 5/6a, 70
Einkaufsdialog, der, -e 6/Und Sie?, 81
Einkaufswagen, der, ¨-/- 6/2e, 80
Einkaufszettel, der, – 6/1c, 79
einladen, lädt ein 5/1a, 65
Einladung, die, -en 5/7a, 71
Eis, das (Sg.) 5/5b, 69
Eltern, die (Pl.) 7/1a, 97
E-Mail, das, -s 2/3a, 17
E-Mail-Adresse, die, -n 2/3a, 17
Ende, das, -n 5/6d, 70
endlich 7/8a, 102
Englisch 2/5c, 19
Entschuldigung (Entschuldigung, wie heißt du?) 1/3a, 3
er 1/7a, 5
ergänzen 1/3c, 3
Erlaubnis, die, -se 8/6b, 115
erlaubt 8/6a, 115
erster, erste 1/2, 2
erstellen 2/2a, 16
erzählen 2/Und Sie?, 20
es 2/4c, 18
Essen, das (Sg.) 4/8c, 53
essen, isst 5/3c, 67
etwas 6/2a, 80
euch 4/Und Sie?, 48
euer 8/7b, 116
eure 8/7b, 116
Euro, der, -s 4/3a, 49
fahren, fährt 5/2b, 66
Fahrplan, der, ¨-e 5/2b, 66
Fahrrad, das, ¨er 3/5c, 36
falsch 2/1b, 15
Familie, die, -n 5/6a, 70
Familienfest, das, -e 7/1c, 97
Familienfoto, das, -s 7/1c, 97
Familienmitglied, das, -er 7/3a, 99
Familienname, der, -n 1/8b, 6
fantastisch 6/5b, 82
Farbe, die, -n 7/3b, 99
fast 6/9a, 85
fehlen 7/6a, 101
Fehler, der, – 7/3, 99
Feierabend, der, -e 4/2c, 48
feiern 7/2a, 98
fein 8/7a, 116
feminin 3/2a, 34
Fenster, das, – 3/2a, 34
fernsehen, sieht fern 5/1a, 65
Fernsehen, das (Sg.) 7/3a, 99
fertig 5/1b, 65
Fest, das, -e 4/8c, 53
Film, der, -e 5/5b, 69
Filmabend, der, -e 5/7a, 71
finden (1) (Ich finde den Reis super.) 6/5b, 82

finden (2) (eine Arbeit finden) 8/5c, 114
Firma, die, Firmen 1/8, 6
Firmenfeier, die, -n 7/2a, 98
Fisch, der, -e 6/3, 81
Fisole, die, -n 6/3, 81
Flasche, die, -n 6/2d, 80
Fleisch, das (Sg.) 6/1a, 79
Fokus, der (Sg.) 1/3d, 3
Form, die, -en 1/6c, 5
Formular, das, -e 1/8b, 6
formulieren 3/8e, 38
Foto, das, -s 1/1a, 1
Frage, die, -n 1/9a, 7
fragen 1/2c, 2
Frankreich 1/4c, 4
Franzose, der, -n 2/5, 19
Französisch 2/5c, 19
Frau, die, -en 1/1b, 1
frei 4, 47
freihaben, hat frei 4/2c, 48
Freitag, der, -e 5/3b, 67
Freitagnachmittag, der, -e 7/5a, 100
Freizeit, die (Sg.) 5/6b, 70
Freizeitaktivität, die, -en 5/6a, 70
Freund, der 2/4, 18
freundlich 3/8e, 38
Friseur, der, -e 5/3b, 67
früh 6/8b, 85
Früh, die, – (Es ist acht Uhr in der Früh.) 5/2f, 66
früher 7/8c, 103
Frühstück, das, -e 6/7a, 84
frühstücken 5/1a, 65
Fünf-Zimmer-Wohnung, die, -en 8/8c, 117
funktionieren 3/6b, 37
für 4/Und Sie?, 52
Fußball (Wir spielen Fußball.) 5/3b, 67
Gabel, die, -n 6/5b, 82
Gang, der, ¨-e 8/6a, 115
ganz (1) (Schreiben Sie ganze Sätze.) 5/4, 68
ganz (2) (Ich habe ganz viel Hunger!) 7/8a, 102
Garage, die, -n 8/2c, 112
Garten, der, ¨ 8/2c, 112
Gast, der, ¨-e 4/1a, 47
Gästetoilette, die, -n 8/2c, 112
Gastgeber, der, – 8/1c, 111
geben (1), gibt (Geben Sie mir bitte …) 6/2a, 80
geben (2), gibt (Was gibt es bei Lena und Andreas?) 8/2c, 112
Gedankenblase, die, -n 8/3b, 113
Gegensatz, der, ¨-e 8/3b, 113
gehen (1) (Wie geht's?) 4/2a, 48
gehen (2) (Markus geht zum Friseur.) 5/3c, 67
gelb 7/3b, 99
Geld, das, -er 8/7a, 116
Gemüse, das (Sg.) 6, 79
Gemüsegeschäft, das, e 6/2, 80
Gemüsereis, der (Sg.) 6/1b, 79
genau (1) (Antworten Sie genau.) 5/3c, 67
genau (2) (Genau!) 8/6a, 115
genauso 5/4b, 68
Geräusch, das, -e 5/6a, 70
gerne (oder gern) 3/8b, 38
geschieden 7/2a, 98
Geschwister, das, – 7/1a, 97
Gespräch, das, -e 2/Vorhang auf, 21
gestern 7/8a, 102

fünfzehn **XV**

gesucht 8/8a, 117
Getränk, das, -e 4/1b, 47
Glas, das, ¨er 4/3a, 49
glauben 8/1a, 111
gleich (1) *(Nominativ und Akkusativ sind gleich.)* 4/8a, 53
gleich (2) *(Ich komme gleich.)* 7/8c, 103
glücklich 7/2a, 98
Gramm, das, – 6/2d, 80
Grieche, der, -n 2/5a, 19
Griechenland 2/4a, 18
Griechisch 2/5a, 19
grillen 5/6b, 70
groß 8/3a, 113
Größe, die, -n 8/8a, 117
Großeltern, die *(Pl.)* 7/1a, 97
großschreiben, schreibt groß 1/9c, 7
Großvater, der, ¨ 7/1c, 97
grün 7/2a, 98
Gruppe, die, -n 2/Und Sie?, 19
Gruß, der, ¨e 2/7a, 21
gut 2/4a, 18
Guten Abend 1/2b, 2
Guten Appetit 6/5b, 82
Guten Morgen 1/2b, 2
Guten Tag 1/1b, 1
haben (1), hat *(Ich habe Skype.)* 2/3a, 17
haben (2), hat *(Ich hätte gerne ein Kilo Tomaten.)* 6/2a, 80
halb 5/2c, 66
hallo 1/1b, 1
Haltestelle, die, -n 5/7a, 71
Hammer, der, ¨ 3/3a, 34
Handy, das, -s 2/2a, 16
Handynummer, die, -n 2/3a, 17
Haus, das, ¨er 8/4b, 114
Hausnummer, die, -n 1/8b, 6
Haustier, das, -e 8/6a, 115
Hausübung, die, -n 7/Und Sie?, 101
Heft, das, -e 3/3b, 34
heißen 1/2a, 2
Heizung, die, -en 8/6a, 115
helfen, hilft 2/7c, 21
hell 8/3a, 113
Herkunft, die *(Sg.)* 1/8b, 6
Herkunftsland, das, ¨er 1/Vorhang auf, 7
Herr, der, -en 1/1b, 1
herumlaufen, läuft herum 6/9b, 85
herzlich willkommen 1/1b, 1
heute 4/2b, 48
Hi 6/4a, 82
hier 1/8b, 6
Hilfe, die, -n 3/9, 39
Hip-Hop, der *(Sg.)* 7/2a, 98
Hobby, das, -s 7/2a, 98
hoch 8/3b, 113
Hof, der, ¨e 8/6a, 115
holen 6/5b, 82
Homepage, die, -s 7/2a, 98
hören 1/1b, 1
Hund, der, -e 3/5a, 36
hundert 2/2c, 16
Hunger, der *(Sg.)* 4/8c, 53
ich 1/2a, 2
Ich-Laut, der, -e 7/4, 99
Ihnen 4/2c, 48
Ihr (1) *(Wie ist Ihr Vorname?)* 1/8b, 6
ihr (2) *(Ihr lernt auch Deutsch.)* 2/4c, 18
ihr (3) *(Dumitru, ihr Familienname ist Dumitru.)* 6/Und Sie?, 81
im (1) *(im Kurs)* 1/1c, 1
im (2) *(im Sommer)* 8/5a, 114

immer 2/7a, 21
in 1/1a, 1
Indien 1/4b, 4
Infinitiv, der, -e 5/6d, 70
Information, die, -en 2/5a, 19
Ingenieur, der, -e 2/6a, 20
inoffiziell 5/2d, 66
Internet, das *(Sg.)* 8/6, 115
Internetforum, das, -foren 8/6b, 115
Interview, das, -s 5/Und Sie?, 68
Irak, der *(Sg.)* 1/4c, 4
Italien 2/5b, 19
Italienisch 2/5b, 19
ja (1) *(Ja, richtig.)* 1/9d, 7
ja (2) *(Ja gut!)* 5/5a, 69
ja (3) *(Er ist ja schon hier.)* 7/6a, 101
Ja/Nein-Frage, die, -n 2/3c, 17
Jahr, das, -e 2/6a, 20
jede, jeder 2/4d, 18
jemand 7/6a, 101
jetzt 1/6a, 5
joggen 7/3b, 99
Joghurt, der, -s 6/7a, 84
Journalist, der, -en 7/2a, 98
jung 8/7a, 116
Kabel, das, – 3/6a, 37
Kaffee, der, -s 4/1c, 47
Kalender, der, – 3/6a, 37
kalt 8/6a, 115
Kapitel, das, – 1/9a, 7
kaputt 3/6b, 37
Karotte, die, -n 6, 79
Karte, die, -n 5/Und Sie?, 70
Kartoffel, die, -n 6, 79
Kartoffelsalat, der, -e 6/1b, 79
Kartoffelsuppe, die, -n 6/1b, 79
Käse, der *(Sg.)* 4/3b, 49
Käseweckerl, das, – 4/3a, 49
Katze, die, -n 3/3a, 34
kaufen 5/7b, 71
Käufer, der, – 6/Und Sie?, 81
kein, keine 2/1b, 15
Keller, der, – 8/2c, 112
kennen 1/4a, 4
Kettensatz, der, ¨e 8/3c, 113
Kettenspiel, das, -e 5/7d, 71
Kettenübung, die, -en 6/2c, 80
kg *(Kilogramm)* 6/2d, 80
Kilo, das, -s 6/2d, 80
Kind, das, -er 6/7a, 84
Kindergarten, der, ¨ 7/5a, 100
Kinderwagen, der, ¨/- 8/6a, 115
Kinderzimmer, das, – 8/2a, 112
Kiste, die, -n 6/2d, 80
Kiwi, die, -s 4/3a, 49
klar *(Ja, klar!)* 2/3a, 17
Klassentreffen, das, – 7/8c, 103
klatschen 2/2f, 16
klein 8/3a, 113
kochen 5/1a, 65
Kollege, der, -n 2/7a, 21
Kollegin, die, -nen 2/7a, 21
kombinieren 7/2d, 98
kommen 1/4b, 4
Kompliment, das, -e 6/6b, 83
Kompositum, das, Komposita 4/3b, 49
können, kann 7/5a, 100
Kontakt, der, -e 2, 15
Kontrolle, die, -n 1/9d, 7
korrigieren 7/3a, 99
kosten 4/3b, 49
köstlich 6/6a, 83

Krankenschwester, die, -n 2/7c, 21
Küche, die, -n 8/2a, 112
Kuchen, der, – 4/1c, 47
Kühlschrank, der, ¨e 6/Und Sie?, 81
Kugelschreiber, der, -s 3, 33
Kurs, der, -e 1/1c, 1
Kursfest, das, -e 4/7, 52
Kursliste, die, -n 1/Und Sie?, 5
Kursraum, der, ¨e 3/2b, 34
Kurstag, der, -e 1/2, 2
kurz 3/7a, 37
Lampe, die, -n 3, 33
Land (1), das, ¨er *(Das Land heißt Spanien.)* 1/4b, 4
Land (2), das *(Sg.)* *(auf dem Land wohnen)* 8/7a, 116
Ländername, der, -n 1/4a, 4
lang 3/7a, 37
langsam 2/1b, 15
Langschläfer, der, – 5/1, 65
langweilig 7/8a, 102
Laptop, der, -s 3, 33
laut 1/6b, 5
lebend 1/9c, 7
Lebensmittel, das, – 6/1a, 79
ledig 7/2a, 98
leer 6/Und Sie?, 81
Lehrer, der, – 2/6a, 20
leicht 1/Vorhang auf, 7
leider 4/8c, 53
leidtun, tut leid 5/5a, 69
lernen 1/Vorhang auf, 7
lesen, liest 1/2a, 2
Leute, die *(Pl.)* 2/6a, 20
lieb 2/7a, 21
lieben 6/7a, 84
lieber 4/4b, 50
Lieblingsbuch, das, ¨er 7/2a, 98
Lieblingsessen, das *(Sg.)* 7/2a, 98
Lieblingsfarbe, die, -n 7/2a, 98
Lieblingsfilm, der, -e 7/2a, 98
Lieblingslied, das, -er 7/7b, 102
Lieblingsmusik, die *(Sg.)* 7/2a, 98
liegen 3/4a, 35
lila 7/3b, 99
links 6/5b, 82
Liste, die, -n 3/8d, 38
Litauen 2/7a, 21
Liter, der, – 6/2d, 80
Löffel, der, – 6/5b, 82
los sein, ist los 5/1b, 65
Lücke, die, -n 1/3c, 3
lustig 7/8a, 102
machen (1) *(eine Liste machen)* 1/Und Sie?, 5
machen (2) *(Das macht 2,30 Euro.)* 4/4b, 50
mal 3/8b, 38
Mama, die, -s 7/5c, 100
man 1/1a, 1
manchmal 6/7a, 84
Mann (1), der, ¨er *(Der Mann heißt Lukas.)* 2/7b, 21
Mann (2), der, ¨er *(Das ist mein Mann.)* 7/2a, 98
Marker, der, – 3/6a, 37
markieren 1/3b, 3
Markierung, die, -en 3/7a, 37
Marmelade, die, -n 6/3, 81
maskulin 3/2a, 34
Maus, die, ¨e 3, 33
mein, meine 1/9d, 7
Menge, die, -n 6/2d, 80

WORTLISTE

Mensch, der, -en 8/7a, 116
Messer, das, – 6/5b, 82
Metal 7/2a, 98
Miete, die, -n 8/3b, 113
mieten *(eine Wohnung mieten)* 8/6a, 115
Mieter, der, – 8/6b, 115
Milch, die *(Sg.)* 4/3a, 49
Mineralwasser, das *(Sg.)* 5/7a, 71
mir 5/5a, 69
mischen 3/3b, 34
mit 2/5a, 19
mitbringen, bringt mit 5/6e, 70
mitlesen, liest mit 1/5a, 4
mitmachen, macht mit 7/6a, 101
mitsprechen, spricht mit 1/5b, 4
Mittag, der, -e 5/3c, 67
Mittagessen, das, – 5/3b, 67
mittags 5/2f, 66
Mitteilung, die, -en 6/4a, 82
Mittwoch, der, -e 5/3b, 67
Möbel, die *(Pl.)* 8/7a, 116
möcht(en) 4/4a, 50
Modalverb, das, -en 7/5d, 100
modern 8/3a, 113
mögen, mag 6/9a, 85
Monat, der, -e *(Sie kostet 1000 Euro im Monat.)* 8/6a, 115
monatlich 8/8c, 117
Monitor, der, Monitore(n) 3/6a, 37
Montag, der, -e 5/3b, 67
Montagmorgen, der, – 6/7a, 90
morgen 4/2c, 48
Morgen, der, – 5/4a, 68
müde 4/2c, 48
Mund, der, ̈er 4/5a, 51
Musik, die *(Sg.)* 5/6a, 70
Müsli, das, -s 6/7a, 84
müssen, muss 7/5a, 100
Muster, das, – 2/2g, 16
Mutter, die, ̈ 7/1a, 97
na 4/8c, 53
nach (1) *(Fragen Sie nach der Adresse.)* 2/Vorhang auf, 21
nach (2) *(Es ist fünf nach drei.)* 5/2d, 66
Nachbar, der, -n 8/3b, 113
Nachmieter, der, – 8/8a, 117
Nachmittag, der, -e 5/4a, 68
nachmittags 5/2f, 66
Nachricht, die, -en 2/6b, 20
nachsprechen, spricht nach 1/2b, 2
Nacht, die, ̈e 5/4a, 68
Nachtisch, der, -e 6/4a, 82
nachts 5/2f, 66
Name, der, -n 1/4b, 4
Nationalität, die, -en 2/5a, 19
natürlich 3/8b, 38
Nebenkosten, die *(Pl.)* 8/6a, 115
nehmen, nimmt 6/7a, 84
nein 2/2g, 16
nervös 7/8a, 102
nett 2/7a, 21
neu 2/3a, 17
neutrum 4/4b, 50
nicht 2/3c, 17
nicht mehr 7/2b, 98
nichts 6/Und Sie?, 84
nie 6/8b, 85
noch 4, 47
noch einmal 1/3d, 3
Nomen, das, – 3/1c, 33
Nominativ, der, -e 4/4b, 50
notieren 1/6a, 5

Notiz, die, -en 5/Und Sie?, 68
Nudel, die, -n 6/2d, 80
null 1/8c, 6
Nummer, die, -n 2/1b, 15
nummerieren 2/1a, 15
nur 6/7a, 84
Nusskuchen, der, – 2/3a, 49
Obst, das *(Sg.)* 4/3a, 49
oder (1) *(Lesen Sie oder schreiben Sie.)* 1/1b, 1
oder (2) *(Morgen arbeitest du nicht, oder?)* 4/2c, 48
offiziell 5/2b, 66
oft 6/7a, 84
oh 2/2g, 16
ohne 7/3b, 99
okay 6/4a, 82
Olivenöl, das, -e 6, 79
Oma, die, -s 7/1a, 97
Onkel, der, – 7/1a, 97
Opa, der, -s 7/1a, 97
Orange, die, -n 6/3, 81
orange 7/3b, 99
ordnen 2/3a, 17
Ordner, der, – 3/7a, 37
organisieren 7/2a, 98
Ort, der, -e 1/8b, 6
Österreich 1/1a, 1
Österreicher, der, – 2/4a, 18
Paar, das, -e *(Bilden Sie Paare.)* 2/2g, 16
Paar, das, -e *(Maria und Peter sind ein Paar.)* 8/Und Sie?, 116
packen 6/2e, 80
Packung, die, -en 6/2d, 80
Pantomime, die, -n 5/Vorhang auf, 71
Papa, der, -s 5/1b, 65
Paprika, der, (-s) 6, 79
Paradeiser, der, – 6/5d, 83
parken 8/Vorhang auf, 117
Partner, der, – 7/Und Sie?, 99
Partnerin, die, – nen 7/Und Sie?, 99
Partnerinterview, das, -s 6/9b, 85
Party, die, -s 2/3, 17
passen 1/8a, 6
passend 7/8c, 103
passieren 5/2a, 66
Pause, die, -n 6/7a, 84
perfekt 8/7a, 116
Person, die, -en 1/4b, 4
Personalpronomen, das, – 1/3d, 3
Pferd, das, -e 7/2b, 98
Pilz, der, -e 6, 79
Pizza, die, Pizzen/-s 4/1c, 47
Pizzaschnitte, die, -n 4/3a, 49
Pl. *(Plural)* 2/4c, 18
Platz, der *(Sg.)* *(Wir haben viel Platz in der Wohnung.)* 8/3b, 113
Plural, der, -e 4/7d, 52
Pole, der, -n 2/5a, 19
Polen 1/4b, 4
Polin, die, -nen 2/5a, 19
Polnisch 2/4a, 18
Pommes, die *(Pl.)* 7/3a, 99
Popcorn, das *(Sg.)* 5/7a, 71
Portugal 2/5b, 19
Portugiesisch 2/4a, 18
Position, die, -en 1/9b, 7
Possessivartikel, der, – 3/4c, 35
Poster, das, – 3/2a, 34
Post-it, das, -s 3/1a, 33
Postleitzahl, die, -en 1/8b, 6
Präteritum, das *(Sg.)* 7/8b, 102

Preis, der, -e 4/3d, 49
Preisliste, die, -n 4/3a, 49
privat 2/2b, 16
probieren 6/5d, 83
Problem, das, -e 2/1b, 15
prost 6/5b, 82
Punkt, der, -e 2/Und Sie?, 17
Quadratmeter, der, – 8/8a, 117
Radiergummi, der, -s 3/1a, 33
raten, rät 1/5c, 4
Ratespiel, das, -e 1/5c, 4
rauchen 8/6b, 115
Raum, der, ̈e 7/5a, 100
reagieren 3/3, 38
Reaktion, die, -en 3/6d, 37
Reihenfolge, die, -n 8/2b, 112
reinkommen, kommt rein 8/1c, 111
Reis, der *(Sg.)* 6, 79
reiten 7/2a, 98
renovieren 8/5a, 114
reparieren 7/Und Sie?, 101
Rhythmus, der, Rhythmen 1/5b, 4
richtig (1) *(Ja, richtig!)* 1/9d, 7
richtig (2) *(Ich habe richtig Hunger!)* 6/5b, 82
riechen 6/5b, 82
Rock, der *(Sg.)* 7/2a, 98
rosa 7/2a, 98
rot 7/3b, 99
Rückseite, die, -n 3/3b, 34
Ruhe, die *(Sg.)* 8/7a, 116
ruhig 8/3a, 113
Rumänien 1/1b, 1
rund 4/5a, 51
Russisch 2/5c, 19
Saft, der, ̈e 4/3b, 49
sagen 1/6a, 5
Salat, der, -e 6, 79
Salatsoße, die, -n 6/5b, 82
sammeln 1/4c, 4
Samstag, der, -e 5/3b, 67
Samstagvormittag, der, -e 7/5a, 100
Satz, der, ̈e 1/7b, 5
Satzakzent, der, -e 8/8d, 117
Satzanfang, der, ̈e 1/9c, 7
Satzende, das, -n 7/6b, 101
Satzklammer, die, -n 7/6b, 101
Satzmelodie, die, -n 1/3e, 3
Schach 7/1c, 97
schade 7/8c, 103
Schere, die, -n 3, 33
scharf *(scharfes s)* 1/5a, 5
Schild, das, -er 8/6c, 115
Schinkenweckerl, das, – 4/3a, 49
Schirm, der, -e 3/4e, 35
schlafen, schläft 5/1a, 65
Schlafzimmer, das, – 8/2a, 112
Schlüssel, der, – 3/6a, 37
schmecken 6, 79
schneiden 6/5d, 83
schnell 3/8b, 38
Schnitzel, das, – 6/1b, 79
Schokolade, die, -n 6/9b, 85
schon 2/7a, 21
schön 4/5b, 51
schrecklich 7/8a, 102
schreiben 1/Und Sie?, 3
Schreibtisch, der, -e 3/6a, 37
Schule, die, -n 6/7a, 84
schwarz 3/6c, 37
schwer 2/4a, 18
Schwester, die, -n 7/1a, 97

siebzehn XVII

sehen, sieht 5/5b, 69
sehr 2/7a, 21
sein (1) ist *(Pablo ist aus Spanien.)* 1/1b, 1
sein (2) *(sein Beruf)* 7/2a, 98
Seite, die, -n 3/3b, 34
selbst *(Schreiben Sie über sich selbst.)* 2/5, 19
Semmel, die, -n 6/5d, 83
Serviette, die, -n 6/5b, 82
Sessel, der, – 3/2a, 34
sich (1) *(Wie begrüßt man sich in Österreich?)* 1/1a, 1
sich (2) *(über sich selbst)* 2/Und Sie?, 19
Sie (1) *(Sehen Sie die Fotos.)* 1/1a, 1
sie (2) *(Das ist Dana, sie kommt aus Polen.)* 1/7a, 5
sie (3) *(Fragen Sie drei Personen und stellen Sie sie vor.)* 1/Und Sie?, 5
sie (4) *(Max und Jan? Sie lernen Deutsch.)* 2/4c, 18
Silbe, die, -n 2/5b, 19
Single, der, -s 7/2a, 98
Singular, der, -e 4/7d, 52
Situation, die, -en 3/9a, 39
Skateboard, das, -s 8/6a, 115
Skype 2/3b, 17
skypen 5/5, 69
Skype-Name, der, -n 2/3a, 17
Smalltalk, der *(Sg.)* 7/1d, 97
Smartphone, das, -s 7/2d, 98
SMS, das, – 5/7c, 71
so (1) *(Lernen Sie so: …)* 3/3a, 34
so (2) *(Es geht so …)* 7/7b, 102
so (3) *(Es war so langweilig!)* 7/8a, 102
Sofa, das, -s 8/2e, 112
sofort 4/8a, 53
Sohn, der, ¨-e 2/7a, 21
Sommer, der, – 8/5a, 114
sonnig 8/8a, 117
Sonntag, der, -e 5/1b, 65
Spaghetti, die, -/-s 6/1b, 79
Spanien 1/1b, 1
Spanier, der, – 2/4a, 18
Spanisch 2/4a, 18
Spanischkurs, der, -e 5/3b, 67
Spaß, der, ¨-e 7/8a, 102
spät 5/2c, 66
später 5/5a, 69
spazieren gehen, geht spazieren 5/1a, 65
speichern 2/2a, 16
Speise, die, -n 4/1b, 47
Speisekarte, die, -n 4/3a, 49
Spiel, das, -e 4/2e, 48
spielen 1/Und Sie?, 3
Spinat, der *(Sg.)* 7/2a, 98
spitze 6/6a, 83
Spitzer, der, – 3, 33
Sport, der *(Sg.)* 5/1a, 65
Sprache, die, -n 1/Vorhang auf, 7
Sprachschule, die, -n 8/2e, 112
Sprechblase, die, -n 1/1b, 1
sprechen, spricht 1/2a, 2
Stadt, die, ¨-e 1/4b, 4
Städtename, der, -n 1/4c, 4
Steak, das, -s 7/3b, 99
Steckbrief, der, -e 2/5d, 19
stehen 1/9a, 7
Stichwort, das, -e/¨-er 5/Und Sie?, 68
Stift, der, -e 3, 33
stimmen 7/3b, 99
Straße, die, -n 1/8b, 6
streng 7/8c, 103

Stress, der *(Sg.)* 7/6, 101
Stück, das, -e 6/2d, 80
Student, der, -en 2/7d, 21
suchen 7/1a, 97
Südseite, die, -n 8/8a, 117
super 2/6a, 20
Suppe, die, -n 6/6b, 83
Syrien 1/4b, 4
Szene, die, -n 7/Vorhang auf, 103
Tabelle, die, -n 1/3d, 3
Tablet, das, -s 3/2a, 34
Tafel, die, -n 3/2a, 34
Tag, der, -e 5/4a, 68
Tagesablauf, der, ¨-e 5/Und Sie?, 68
Tageszeit, die, -en 1/2c, 2
Tante, die, -n 7/1a, 97
tanzen 7/2a, 98
Tasche, die, -n 3/2a, 34
Tasse, die, -n 3, 33
tauschen 4/7e, 52
Taxifahrer, der, – 7/3a, 99
Team, das, -s 2/7a, 21
Tee, der, -s 4/3a, 49
Teeküche, die, -n 6/7a, 84
Telefon, das, -e 1/8b, 6
Telefonanruf, der, -e 2/2g, 16
Telefongespräch, das, -e 2/1a, 15
telefonieren 2/7a, 21
Telefonnummer, die, -n 1/1c, 1
Teller, der, – 6/5b, 82
Termin, der, -e 3/9a, 39
Terminkalender, der, – 5/1b, 65
Terminvereinbarung, die, -en 7/1d, 97
Terrasse, die, -n 8/7b, 116
teuer 6/3, 81
Text, der, -e 1/7a, 5
Textabschnitt, der, -e 6/7a, 84
Thema, das, Themen 7/7a, 102
Tipp, der, -s 3/3a, 34
Tisch, der, -e 3/2a, 34
Tochter, die, ¨- 7/1a, 97
Toilette, die, -n 8/8a, 117
toll 2/4a, 18
Tomate, die, -n 6, 79
Tomatensoße, die, -n 6/1b, 79
Torte, die, -n 7/6a, 101
total 7/8a, 102
träumen 5/1a, 65
trennbar 5/6d, 70
trinken 5/3c, 67
tschüs 1/2b, 2
Türkei, die *(Sg.)* 1/4c, 4
U-Bahn, die, -en 6/7a, 84
üben 2/7d, 21
über 2/Und Sie?, 19
Überschrift, die, -en 8/7a, 116
Uhr (1) *(Es ist 22 Uhr.)* 5/2b, 66
Uhr (2), die, -en *(Meine Uhr ist neu.)* 5/2e, 66
Uhrzeit, die, -en 5/2b, 66
Ukrainisch 2/5c, 19
um 5/2b, 66
unbestimmt *(der unbestimmte Artikel)* 3/4c, 35
und 1/1b, 1
und so weiter *(usw.)* 8/6a, 115
unmodern 8/3a, 113
uns 6/Und Sie?, 84
unser, unsere 8/7a, 116
unsicher D/3, 128
unten 4/4b, 50
Unterricht, der *(Sg.)* 7/8e, 103

unterschiedlich 2/2g, 16
unterstreichen, unterstreicht 2/5b, 19
Unterstrich, der, -e 2/Und Sie? 17
Urlaub, der, -e 8/5a, 114
USA, die *(Pl.)* 1/4b, 4
USB-Stick, der, -s 3/6a, 37
usw. *(und so weiter)* 7/8e, 103
variieren 1/2c, 2
Vater, der, ¨- 7/1a, 97
Verb, das, -en 1/3b, 3
Verbform, die, -en 1/6c, 5
Verbot, das, -e 8/6b, 115
verboten 8/6a, 115
vergessen, vergisst 6/4b, 82
vergleichen 3/6a, 37
verheiratet 7/1c, 97
Verkäufer, der, – 2/6a, 20
verliebt 7/2a, 98
Vermieter, der, – 8/6a, 115
Verpackung, die, -en 6/2d, 80
VHS, die, -en 5/3b, 67
viel 2/7a, 21
viel Spaß 4/8c, 53
viele 6/7a, 84
viele Grüße 4/8c, 53
vielen Dank 2/1b, 15
vielleicht 3/6c, 37
viertel *(Es ist viertel acht./Es ist Viertel vor sieben.)* 5/2e, 66
Vokal, der, -e 3/7, 37
Vokalwechsel, der, – 5/4b, 68
vom *(vom Kursfest)* 4/8c, 53
von (1) *(von Pablo)* 2/1, 15
von (2) *(von Beruf)* 2/6a, 20
von … bis 5/4b, 68
vor 5/2d, 66
vorbereiten, bereitet vor 4/7, 52
Vorderseite, die, -n 3/3b, 34
Vorhang, der, ¨-e 1/Vorhang auf, 7
vorlesen, liest vor 7/3b, 99
Vormittag, der, -e 5/4a, 68
Vorname, der, -n 1/8b, 6
vorstellen, stellt vor 1/Und Sie?, 5
Vorwahl, die, -en 2/2a, 16
Vorzimmer, das, – 8/2c, 112
wählen 2/2g, 16
wann 5/2b, 66
warten 3/8b, 38
was 1/3c, 3
Wäsche, die *(Sg.)* 5/4a, 68
waschen, wäscht 5/4b, 68
Wasser, das *(Sg.)* 4, 47
Wechselspiel, das, -e 8/2d, 112
weg 3/6b, 37
wegräumen, räumt weg 7/60, 101
Weckerl, das, – 4/3a, 49
Weg, der, -e 6/7a, 84
Wein, der, -e 6/4a, 82
weiß 7/3b, 99
weiterhören, hört weiter 5/1b, 65
weitermachen, macht weiter 7/8e, 103
welche, welcher 1/4a, 4
wem 7/3a, 99
wenig 8/7a, 116
wer 1/3a, 3
W-Frage, die, -n 1/9b, 7
WG, die, -s 8/7a, 116
wichtig 8/6a, 115
wie (1) *(Wie heißen Sie?)* 1/1a, 1
wie (2) *(Markieren Sie wie im Beispiel.)* 1/3b, 3
wie bitte 2/1b, 15

WORTLISTE

wie viel 4/3b, 49
wieder 7/2a, 98
wiederholen 3/8b, 38
wiedersehen, sieht wieder 7/8a, 102
willkommen 8/7a, 116
wir 2/4a, 18
wirklich 6/5b, 82
wissen, weiß 3/8b, 38
wo 1/6b, 5
Woche, die, -n 5/3b, 67
Wochenende, das, -n 5/6f, 70
Wochentag, der, -e 5/3b, 67
woher 1/4b, 4
wohnen 1/6a, 5
Wohngemeinschaft, die, -en 8/7a, 116
Wohnort, der, -e 1/Vorhang auf, 7
Wohnung, die, -en 8/1a, 111
Wohnungsanzeige, die, -n 8/8a, 117
Wohnungsbesichtigung, die, -en 8/Vorhang auf, 117
Wohnungsgrundriss, der, -e 8/Vorhang auf, 117
Wohnungstür, die, -en 8/1d, 111
Wohnzimmer, das, – 8/2a, 112
wollen, will 8/1c, 111

Wort, das, ¨er/-e 1/8c, 6
Wortakzent, der, -e 2/2f, 16
Wörterbuch, das, ¨er 2/7c, 21
Wunsch, der, ¨e 7/2a, 98
würfeln 4/2e, 48
Wurst, die, ¨e 6, 79
Zahl, die, -en 1/8c, 6
zahlen 4, 47
zählen 1/8c, 6
Zahlenpaar, das, -e 2/2g, 16
Zange, die, -n 3/3a, 34
Zeichen-Rätsel, das, – 3/5c, 36
zeichnen 8/Vorhang auf, 117
Zeichnung, die, -en 3/5e, 36
zeigen 3/7b, 37
Zeiger, der, – 5/2e, 66
Zeit, die, -en 5/5a, 69
Zeitschrift, die, -en 5/4a, 68
Zeitung, die, -en 5/5b, 69
zerschneiden 2/4d, 18
Zettel, der, – 2/2g, 16
ziehen, zieht 5/Und Sie?, 70
Ziffer, die, -n 2/2g, 16
Zimmer, das, – 8/2a, 112
Zitrone, die, -n 6/3, 81

zu (1) *(zu den Bildern)* 1/Vorhang auf, 7
zu (2) *(zu zweit)* 4/Und Sie?, 51
zu (3) *(zu spät)* 7/5a, 100
zu Besuch 5/3c, 67
zu Hause 3/6c, 37
Zucchini, die, -s 6, 79
Zucker, der *(Sg.)* 4/7a, 52
zuerst 5/7c, 71
zuhören, hört zu 1/3e, 3
zum (1) *(zum Friseur gehen)* 5/3c, 67
zum (2) *(zum Frühstück)* 6/7a, 84
zuordnen, ordnet zu 1/1b, 1
zur (1) *(zur Kontrolle)* 1/9d, 7
zur (2) *(zur U-Bahn gehen)* 6/7a, 84
zur (3) *(Ratschläge zur Wohnungssuche)* 8/1, 111
zusammen 2/6a, 20
zusammenlegen, legt zusammen 2/4d, 18
zusammenpassen, passt zusammen 2/4b, 18
zweit *(zu zweit)* 4/Und Sie?, 51
Zwei-Zimmer-Wohnung, die, -en 8/8a, 117
Zwiebel, die, -n 6, 79

Zahlen, Zeiten, Maße, Gewichte

Kardinalzahlen

1	eins	13	dreizehn	60	sechzig
2	zwei	14	vierzehn	70	siebzig
3	drei	15	fünfzehn	80	achtzig
4	vier	16	sechzehn	90	neunzig
5	fünf	17	siebzehn	100	(ein)hundert
6	sechs	18	achtzehn	101	(ein)hundert(und)eins
7	sieben	19	neunzehn	200	zweihundert
8	acht	20	zwanzig	213	zweihundertdreizehn
9	neun	21	einundzwanzig	1 000	(ein)tausend
10	zehn	30	dreißig	1 000 000	eine Million (-en)
11	elf	40	vierzig	1 000 000 000	eine Milliarde (-n)
12	zwölf	50	fünfzig		

Zeiten

1. Stunde und Uhrzeiten
Uhr, die, -en
Uhrzeit, die, -en
Stunde, die, -n
Viertelstunde, die, -n
Minute, die, -n
Sekunde, die, -n

2. Tag und Tageszeiten
Tag, der, -e — täglich
Morgen, der, – — in der Früh
Vormittag, der, -e — vormittags
Mittag, der, -e — mittags
Nachmittag, der, -e — nachmittags
Abend, der, -e — abends
Nacht, die, ¨-e — nachts

3. Woche und Wochentage
Montag, der, -e — montags — Feiertag, der, -e
Dienstag, der, -e — dienstags — Festtag, der, -e
Mittwoch, der, -e — mittwochs — wöchentlich
Donnerstag, der, -e — donnerstags
Freitag, der, -e — freitags
Samstag, der, -e — samstags
Sonntag, der, -e — sonntags

4. Monate
Jänner — August
Februar — September
März — Oktober
April — November
Mai — Dezember
Juni
Juli — monatlich

5. Jahr und Jahreszeiten
Jahr, das, -e
Jahreszeit, die, -en
jährlich
Winter, der, –
Frühling, der, -e / Frühjahr, das, -e
Sommer, der, –
Herbst, der, -e

Maße und Gewichte

Zentimeter, der, –	cm		Gramm, das, –	g
Meter, der, –	m	1 m = 100 cm	Kilogramm, das, –	kg
Kilometer, der, –	km	1 km = 1000 m	1 kg = 1000 g	
Quadratmeter, der, –	qm/m²		Deka(gramm), das, –	dag
			1 dag = 100 g	
Liter, der, –	l			

Quellen

S. 6 0-5: Shutterstock.com (rebirth3d), 6-10: Shutterstock.com (tommaso lizzul);

S. 9 von links: Shutterstock.com (Paul Stringer), Shutterstock.com (SurangaSL), Shutterstock.com (Globe Turner), Shutterstock.com (charnsitr), Shutterstock.com (Globe Turner), Shutterstock.com (Globe Turner), Schweiz: pixelio.de, Deutschland: pixelio.de, Österreich: Lutz Rohrmann;

S. 11 7a: 6: Shutterstock.com (Antonio Guillem), 7b: 1: mauritius images (Zoonar GmbH/Alamy), 2: Shutterstock.com (Gerardo Burgos Galindo), 3: Shutterstock.com (rook76), 4: Shutterstock.com (Featureflash);

S. 13 Annalisa Scarpa;

S. 17 von links: Shutterstock.com (EKS), Shutterstock.com (Vector), Shutterstock.com (Alexander Supertramp), Shutterstock.com (Bloom Design), Shutterstock.com (360b);

S. 19 Mann: Shutterstock.com (szefei);

S. 20 A: Fotolia.com (Tyler Olson);

S. 21 A: Fotolia.com (contrastwerkstatt), B: Fotolia.com (oneblink1);

S. 23 Nikola Lainović;

S. 24 Fotolia.com (WavebreakmediaMicro);

S. 25 von links: Shutterstock.com (Nadiia Gerbish), Shutterstock.com (Daniel M Ernst), Shutterstock.com (Dirima), Shutterstock.com (Daniel M Ernst), Shutterstock.com (ZouZou);

S. 26 von links: Shutterstock.com (Dmitry Kalinovsky), Shutterstock.com (Andresr), Shutterstock.com (OPOLJA), Shutterstock.com (Monkey Business Images);

S. 30 Mann: Shutterstock.com (vgstudio), Klagenfurt: Shutterstock.com (Robert Jakatics), Karte: Shutterstock.com (AridOcean), Paar Shutterstock.com (wavebreakmedia);

S. 32 DACH-Karte: Shutterstock.com (AridOcean), Feuerwehr: Fotolia.com (macrovector); Haus: Fotolia.com (y2h);

S. 36 Tiere: Fotolia.com (virinaflora); Handy: Annalisa Scarpa;

S. 37 Hände: Annalisa Scarpa;

S. 40 A: iStockphoto (terex), Calgary, Alberta, B: LINZ AG, C: Shutterstock.com (Tupungato), D: pixelio.de (Klicker);

S. 41 1: Sabine Hoppe, 2, 3: Annalisa Scarpa, 4: Shutterstock.com (Oleksiy Mark), 5: Shutterstock.com (aliciahh), 6: Fotolia.com (viperagp);

S. 42 von links: Fotolia.com (sester 1848), pixelio.de (S. Geissler), pixelio.de (Günter Rehfeld), pixelio.de (birgitH);

S. 49 Icons: Fotolia.com (raven);

S. 51 Annalisa Scarpa;

S. 55 Mitte, von links: Clipdealer.de, Fotolia.com (yamix), Fotolia.com (vgstudio), pixelio.de (Tayfun Eser), pixelio.de (Thommy Weiss);

S. 57 Shutterstock.com (Tyler Olson);

S. 58 Shutterstock.com (wavebreakmedia);

S. 61 A: Fotolia.com (lightwavemedia), B: Fotolia.com (Michael Schütze), C: Shutterstock.com (slasnyi), D: Fotolia.com (Alexey Rumyantsev);

S. 63 USB-Stick: Fotolia.com (Wylezich), Maus: Fotolia.com (pixelrobot), Wörterbuch: Fotolia.com (blazny), Heft: Fotolia.com (Wylezich), Kugelschreiber: Fotolia.com (notthoff), Lampe: Fotolia.com (Jisign), Cappuccino: Fotolia.com (Frank F. Haub), Brezel: Fotolia.com (pico), Apfelsaft: Fotolia.com (womue), Banane: Fotolia.com (bajinda), Wasser: Fotolia.com (Andrej Kuzmin), Semmel: Fotolia.com (Jürgen Fälchle);

S. 64 1: Fotolia.com (spectral design), 3: Fotolia.com (beermedia.de), 4: Fotolia.com (Carmen Steiner), 5: Shutterstock.com (Deyan Georgiev), 7: Fotolia.com (Dudarev Mikhail), 8: Shutterstock.com (Luisa Fumi), 10: Fotolia.com (Schlierner), 11: Shutterstock.com (Nikolich), 12: Fotolia.com (Jürgen Fälchle), 14: Fotolia.com (Visual Concepts), 15: Shutterstock.com (ruzanna), 16: Fotolia.com (HandmadePictures), 17: Fotolia.com (Barbara Pheby), 18: Fotolia.com (womue);

S. 66 oben links: Annalisa Scarpa, Mitte: Lutz Rohrmann;

S. 69 Laura: Fotolia.com (Minerva Studio);

S. 71 Fotolia.com (klick);

S. 79 A: Fotolia.com (Yvonne Bogdanski), B: Fotolia.com (kab-vision), C: Fotolia.com (sil007), D: Fotolia.com (fineart-collection);

S. 80 oben, von links: pixelio.de (Tim Reckmann), pixelio.de (w.r.wagner), pixelio.de (w.r.wagner), pixelio.de (w.r.wagner), pixelio.de (Christa Nöhren), pixelio.de (Tim Reckmann), pixelio.de (Tim Reckmann), Mitte, von links: Fotolia.com (moritz), Fotolia.com (yamix), pixelio.de (Andreas Morlok), Fotolia.com (Ian 2010), Fotolia.com (VIPDesign), Shutterstock.com (Dmitry Kovtun), Fotolia.com (Natis), Fotolia.com (rdnzl), Fotolia.com (Denis Semenchenko);

S. 81 von oben links: Fotolia.com (GVictoria), pixelio.de (Tim Reckmann), Fotolia.com (Malyshchyts Viktar), Fotolia.com (Dionisvera), Fotolia.com (Dionisvera), Fotolia.com (mbongo), Fotolia.com (Markus Mainka), Fotolia.com (nattavut), Fotolia.com (andriigorulko), Fotolia.com (B. Wylezich), Fotolia.com (Viktor), Fotolia.com (bergamont), Fotolia.com (moritz), Fotolia.com (L.Bouvier), Fotolia.com (VRD), Fotolia.com (sil007), Fotolia.com (moritz);

S. 83 von links: Fotolia.com (Zlatan Durakovic), Fotolia.com (Alliance), Fotolia.com (Karin & Uwe Annas), Fotolia.com (kjekol);

S. 84 A: Fotolia.com (auremar), B: Shutterstock.com (TaisiyaL), C: Fotolia.com (Vera Kuttelvaserova), Mitte: Fotolia.com (Pictures news);

S. 86 von links: Fotolia.com (Markus Mainka), Fotolia.com (monticello), Fotolia.com (Jacek Chabraszewski), Fotolia.com (monticellllo), Fotolia.com (nattavut), Fotolia.com (tetxu), Fotolia.com (gavran333), Fotolia.com (yamix), Fotolia.com (eyetronic), Fotolia.com (Robert Kneschke), unten: Fotolia.com (stockphoto-graf);

S. 88 unten: Fotolia.com (virtua73);

S. 93 E: Fotolia.com (Tatyana Gladskih);

S. 94 A: Shutterstock.com (Viroonrat Trapcharoen), B: Fotolia.com (kab-vision), C: Fotolia.com (danielk), D: Fotolia.com (B. Wylezich), E: Fotolia.com (2mmedia), F: Fotolia.com (kab-vision);

S. 96 oben, alle: Fotolia.com (Adam Gregor), unten: Shutterstock.com (Adisorn Saovadee);

S. 97 unten Mitte: Fotolia.com (adam121), unten rechts: Fotolia.com (Budimir Jevtic);

S. 98/99 Michel: Fotolia.com (adam121), Ines: Fotolia.com (adam121);

S. 101 von links: Fotolia.com (Rahunoks), Fotolia.com (raptorcaptor), Fotolia.com (Photographee.eu), Fotolia.com (bilderstoeckchen), Fotolia.com (scaliger);

S. 102 D: Fotolia.com (clownbusiness);

S. 104 Mitte: Annalisa Scarpa;

S. 106/110 oben: Fotolia.com (thongsee), unten: Fotolia.com (Eric Isselée);

S. 109 Fotolia.com (Robert Kneschke);

S. 110 unten: Shutterstock.com (g-stockstudio);

S. 111 Haus: Annalisa Scarpa;

S. 112 A: Fotolia.com (Photographee.eu), B: Fotolia.com (Alterfalter), C: Fotolia.com (U. Brothagen), D: Annalisa Scarpa, E: Fotolia.com (Mihalis A.), F: Fotolia.com (alexandre zveiger);

S. 115 A: Fotolia.com (Rudie), B: Fotolia.com (madtom), C: Fotolia.com (Alexander Potapov), Mitte grün: Fotolia.com (Kumbabali), Mitte rot: Fotolia.com (T. Michel), unten, von links: Fotolia.com (Marem), Fotolia.com (Atlantis), Fotolia.com (T. Michel), Fotolia.com (T. Michel), Fotolia.com (zweckdesign.com);

S. 116 A: Fotolia.com (contrastwerkstatt), B: Fotolia.com (contrastwerkstatt), C: Fotolia.com (JackF), D: Fotolia.com (Kzenon);

S. 117 oben A: Fotolia.com (fotoknips), B: Fotolia.com (niroworld), C: Fotolia.com (lorenzobovi), unten A: Fotolia.com (andreaskrone), B: Fotolia.com (Patrizia Tilly), C: Fotolia.com (Patrizia Tilly);

S. 119 Shutterstock.com (Marynenko);

S. 120 Haus: Fotolia.com (JSB), Monitor: Fotolia.com, Mann: Fotolia.com (goodluz), Frau: Fotolia.com (goodluz);

S. 121 A: Fotolia.com (Atlantis), B: Fotolia.com (T. Michel), C: Fotolia.com (Marem), D: Fotolia.com (T. Michel), E: Fotolia.com (matthias21), F: Fotolia.com (T. Michel), grün: Fotolia.com (zweckdesign.com), rot: Fotolia.com (T. Michel), Haus: Fotolia.com (Ch.Allg);

S. 124 Fotolia.com (JackF);

S. 125 Fotolia.com (Woodapple);

S. 126 unten: Fotolia.com (lucato);

S. 127 Shutterstock.com (Sergei Contsarov);

S. 128 Shutterstock.com (goodluz);

S. 130 1: S. Hoppe, 2: José Mertola

S. 132 alle: José Mertola; unten: Shutterstock.com (RLRRLRLL)

S. 133 S. Hoppe

S. 135 A: Shutterstock.com (goodluz), B: Shutterstock.com (racorn), C: Shutterstock.com (pikselstock), D: Shutterstock.com (Air Images)

S. 136 José Mertola

Video-Clips zu Linie 1

Zwei Wege zu den Videos
Entweder: Rufen Sie die Videos über Klett Augmented auf:

Kapitel 1	Seite 7	Kapitel 5	Seite 71
Kapitel 2	Seite 21	Kapitel 6	Seite 85
Kapitel 3	Seite 39	Kapitel 7	Seite 103
Kapitel 4	Seite 53	Kapitel 8	Seite 117

oder:

Scannen Sie den QR-Code und sehen Sie das Video zum Kapitel.

 Kapitel 1    Kapitel 5

 Kapitel 2    Kapitel 6

 Kapitel 3    Kapitel 7

 Kapitel 4    Kapitel 8

Die Rollen und die Darsteller

Eleni Dumitru:	Jenny Roth	Kamera:	Johann Büsen
Pablo Puente:	Benedikt Gradl	Ton:	Andreas Scherling
Ben Bieber:	Helge Sturmfels	Musik:	Annalisa Scarpa-Diewald (Tonstudio Plan 1)
Frau Bergmann:	Verena Schönhofer	Postproduktion:	Andreas Scherling
Markus:	Florian Marano	Drehbuch und Regie:	Theo Scherling
Selma:	Christina Marano	Zeichnungen:	Theo Scherling
Dennis:	Bruno Marano	Produktion:	Bild & Ton, München

Links

Online-Übungen unter www.klett-sprachen.de/linie1/uebungenA1
Im Buch steht: www→A1/K1   Klicken Sie *Übungen A1 → Kapitel 1* an.
Besuchen Sie auch unsere Internet-Seite: www.klett-sprachen.de/linie1-oesterreich

Audiodateien zum Download unter www.klett-sprachen.de/linie1-oesterreich/audioA1   Code: L1A-a1?A
Videodateien zum Download unter www.klett-sprachen.de/linie1-oesterreich/videoA1   Code: L1A-a1!V
Arbeitsanweisungen in vielen Sprachen unter www.klett-sprachen.de/linie1arbeitsanweisungenA1

Kurssprache

Das sagt der Lehrer / die Lehrerin:

Lesen Sie.   Sprechen Sie.   Hören Sie.

Schreiben Sie. / Notieren Sie.   Markieren Sie.   Ordnen Sie zu.

Verbinden Sie.   Ergänzen Sie.   Unterstreichen Sie.   Kreuzen Sie an.

Das sagen Sie:

- Wie heißt das auf Deutsch?
- Wie schreibt man das?
- Können Sie das bitte wiederholen?
- Wie spricht man das aus?
- Ich verstehe das nicht.
- Ich habe eine Frage.

Im Kursraum

das Buch   das Heft   das Blatt   der Radiergummi

der Kugelschreiber   der Marker   der Bleistift   der Spitzer